Amadou N'Golo Coulibaly

La citation selon la situation Tome XI

Amadou N'Golo Coulibaly

La citation selon la situation
Tome XI

La citation selon la situation est une compilation de citations thématiques

Éditions Vie

Imprint

Cover image: www.ingimage.com

Publisher:
Éditions Vie
is a trademark of
Dodo Books Indian Ocean Ltd. and OmniScriptum S.R.L publishing group

120 High Road, East Finchley, London, N2 9ED, United Kingdom
Str. Armeneasca 28/1, office 1, Chisinau MD-2012, Republic of Moldova, Europe
Printed at: see last page
ISBN: 978-613-9-59510-5

La citation selon la situation

TOME XI

Une Œuvre conçu et Présenté par

AMADOU N'GOLO COULIBALY

SOCIO-PHILOSOPHE

Téléphone :
+22379186226 /+22362719431

E-MAIL :amadoucoulibalibaly@gmail.com

AUTEUR : Amadou N'Golo Coulibaly

Avant-propos

Le présent ouvrage intitulé la citation selon la situation Tome XI est conçu pour répondre au besoin de consolidation de la condition de vie humaine dans la société. Il s'appuie fondamentalement sur la compréhension matérielle et immatérielle de l'implication de l'individu dans le temps et l'espace dans la dynamique de l'organisation de son existence quotidienne. La citation selon la situation se compose d'un ensemble thématique de citations reparties selon les différentes circonstances de la vie sociale allant de la connaissance à l'ignorance passant par l'intelligence et l'inintelligence en somme le présent ouvrage contribue de façon à ce que la lumière soit faite au mieux sur l'existence humaine tout en dissociant le bien du mal. Ledit ouvrage est conçu en vue d'apporter à l'individu ce qui lui convient à la différence de ce qui ne l'est pas dans la période comprise entre la vie et la mort nous reconnaissons dans ce sens la dimension philosophique hautement idéologique à laquelle se réfère le contenu du document en question. Ainsi on retrouve une volonté qui est destinée à faire un diagnostic éclairé de l'engagement de l'individu à travers le jugement propre de celui-ci sur la société de même que son fonctionnement en plus d'une détermination plus éclairée de celle de la société ainsi que son impact sur ce dernier. Dans un troisième lieu la citation selon la situation cherche à situer la place de la réalité entre la perception que nous faisions les uns des autres ; par rapport au processus de recherche d'acquisition de même que de la préservation de nos intérêts. Dans une dimension contradictoire des idées, de philosophies diverses qui nous animent nous humains de façon évolutive selon les différentes circonstances de la vie nous situons le présent ouvrage dans une dynamique de renforcement de l'aptitude spirituelle de l'individu à bien comprendre sa société. La nécessité d'apporter permanemment une réponse adéquate, précise à la préoccupation dont rencontre l'humain est celle qui traduit également le but que se fixe la citation selon la situation dans une ambition littéraire de pénétrer dans la profondeur des problèmes sociaux qui traduisissent en somme la solution et le problème dans la représentation temporaire et circonstancielle de la philosophie humaine. Il s'agit de susciter chez l'humain le goût de l'apprentissage de l'autoformation à travers des interrogations détaillées susceptibles de soulever l'appétit intellectuel favorable de même que de le consolider pour promouvoir la réussite de ce dernier. À travers la méthodologie philosophique qu'use la citation selon la situation, le rôle de la connaissance est central par rapport à la dissociation de la productivité de l'improductivité de la pensée humaine dans la société en complicité ou en adversité avec la raison, en se voulant une contribution sérieuse non pas une appréciation sans reproche de l'orientation de la philosophie ambitieuse la citation selon la situation incite toujours à suivre le gage de l'instruction constante pour mieux favoriser la stabilité de l'existence générale. En appelant l'ensemble à s'impliquer fortement afin de promouvoir l'équilibre général à grande échelle justement c'est derrière un souci éclairé de l'élargissement du capital intellectuel humain que la citation selon la situation s'engage en termes de contributions généreuses pour faire comprendre par l'individu que seul le jugement de la raison prime en vue de s'assurer le bonheur existentiel si toutefois il a foi en l'objectivité méthodologique comme la finalité de la réussite lucide de même rappelle toujours l'impérieuse nécessité de s'adonner constamment à la recherche de la connaissance pour l'éternité.

CHAPITRE I
TITRE DE NIVEAU I

L'homme et l'imagination dans la société : La connaissance et l'ignorance, le problème et la solution, l'intelligence et l'inintelligence, l'illusion et l'imagination, la vie et la mort, le travail et le chômage, le temps, la nature et l'espace, la société, la politique et la culture, la réussite et l'échec

CHAPITRE II
TITRE DE NIVEAU II

L'homme et l'imagination dans la société : La compréhension et l'incompréhension, la confiance et la méfiance, la vérité et le mensonge, le bonheur et le malheur, l'engagement et le désengagement, la médiocrité et l'excellence, assertions mixées.

TABLE DES MATIERES

CHAPITRE I
TITRE DE NIVEAU I

LA CONNAISSANCE ET L'IGNORANCE

« Le connaisseur est chercheur » (La recherche fortifie la connaissance). « La connaissance qui ne nous édifie sur l'erreur n'a rien à envier à l'ignorance » (Bien réussie la connaissance se distingue de l'ignorance). « Vivre connaisseur, c'est combattre l'erreur au mieux en somme s'assumer au sérieux pour s'illuminer dans la visée : pour acquérir la connaissance on est obligé de déclarer la guerre non pas contre la connaissance mais plutôt avec » (La connaissance s'acquière avec connaissance). « Mieux qu'être fort connaitre nous recommande d'éviter le tort » (La connaissance recommande d'éviter le tort pour voir juste, se situer sur la juste mesure des valeurs). « La faim de la connaissance assure le bien-être du connaisseur » (La soif de la connaissance améliore le bien-être du connaisseur). « Comment peut-elle manquer de force parlant de la connaissance à moins qu'elle ne soit de la farce ? » (La connaissance s'impose avec force dans le sens où elle incarne la logique). « Si elle nous profite bien c'est parce que la connaissance n'est pas rien » (La connaissance pèse raison pour laquelle elle nous profite bien). « L'effort de la connaissance profite bien à l'abondance, dans la dynamique où l'on ne s'instruit pas à son détriment s'investir pour s'instruire c'est bien veiller à réussir » (La connaissance peu importe sa nature quand elle se veut positive elle nous permet de nous améliorer davantage). « Compter sur l'ignorance débouche nettement sur une erreur de compte en rien l'erreur ne nous est utile si ce n'est rien raison pour laquelle comparée à la connaissance l'ignorance est toujours synonyme d'insuffisance » (L'ignorance conduit à l'insuffisance lorsque nous la comparons à la connaissance). « Pour bien s'épauler il faut ne pas ignorer, on ne saurait nullement pas s'aider en ignorant ce qui nous nuit donc la réalité sur la connaissance, c'est bien la différence des sens pour profiter de la connaissance d'abord sachons ce qu'elle veut dire à la différence de l'ignorance » (L'individu profite de la connaissance lorsqu'elle se veut logique pour qu'elle nous profite parlant de la connaissance il convient de bien la préciser par rapport à l'ignorance). « Face à l'ignorance la farce est non-sens nous ne contenons pas l'ignorance par l'ignorance raison pour laquelle la solution mal pensée demeure un problème » (La résolution de l'ignorance demande la connaissance en toute logique). « Avant de se permettre quelque chose tâchons d'abord à connaitre quelque chose » (La connaissance est la garantie d'une vie meilleure). « On est garantie par la connaissance quand on est précis de connaissance » (L'assurance de la connaissance par la grâce divine nous comble étant précis la concernant). « Celui qui pense tout en connaissance n'a pas connaissance de ce qu'il pense ! » (La connaissance n'est pas partout et on ne peut pas la penser et la situer en tout sans se tromper la concernant). « Celui qui voit tout en connaissance n'a pas connaissance de ce qu'il voit » (La confusion est de situer la connaissance ou de la voir partout). « Comment celui qui ne s'intéresse pas à la connaissance peut-il avoir connaissance de ce qui l'intéresse ? Non-sens ! Seulement si la connaissance ne signifiait pas quelque chose du tout on pouvait se contenter de rien pour tout connaitre » (La connaissance n'est pas rien il faut par conséquent se sentir concerné par la connaissance en vue de pouvoir s'en servir). « Ce à quoi l'ignorance peut nous servir c'est bien se desservir raison pour laquelle à servir ou pas l'erreur, à aimer ou pas l'erreur, à aider ou pas l'erreur une chose est sûre l'erreur ne nous sert pas, elle ne nous aime pas, elle ne nous aide pas si elle n'a autre but que de persévérer dans l'erreur » (L'ignorant invétéré travaille à son détriment). « On est connaisseur qu'avec la connaissance en face et non pas face à la connaissance cela dit celui qui se passe de la connaissance pour comprendre, s'accule dans l'ignorance sans le savoir dans la dynamique où toute avance acquise dans l'ignorance, aura son retard vécu dans la connaissance » (Le connaisseur éclairé ne se passe pas de la connaissance pour s'assumer). « Quand on a connaissance de l'aide bien sûr qu'on s'aide avec la connaissance : autre qu'évidence est manquement dans l'assistance » (La connaissance de l'évidence permet à l'humain de bien s'assister dans la vie). « La connaissance n'est pas au désavantage du connaisseur à moins qu'il ne s'est trompé de connaissance » (La connaissance nous avantage connaisseur une fois précis la concernant). « Tout ce qui concerne l'humain concerne la connaissance raison pour laquelle l'individu a bien besoin de la connaissance pour cerner son existence » (La connaissance est bien nécessaire pour qu'on puisse cerner son existence). « Quand on a connaissance de la pensée on ne peut que penser à la connaissance » (La conscience s'affirme dans la connaissance).

LE PROBLEME ET LA SOLUTION

« Dans la vie à défaut de changer le monde on peut au moins changer son monde » (L'individu peut s'opposer au problème d'amélioration de sa vie à défaut de changer l'humanité toute entière). « Celui qui pense le besoin en fou a besoin de tout » (Le problème s'exprime dans la pensée de l'individu qui veut tout avoir sans discernement). « Celui qui ne s'occupe pas bien du problème sera mal préoccupé par la solution car ne corrigeant pas l'erreur par l'erreur c'est toujours le même problème qui continuera à le sévir » (L'erreur dans la solution ne profite pas à l'espoir d'une sortie de crise pour l'humain). « On a bien besoin de problème pour ne pas être un problème pour ses besoins : dans la vie dans la mesure où on ne peut pas vivre sans problème l'important n'est pas d'avoir un problème mais mieux savoir comment ne pas se faire avoir par le problème en bien le solutionnant » (L'intelligence nous permet de bien prendre sa responsabilité en vue de résoudre nos préoccupations si nous ne pouvons pas vivre sans problème). « Ne pas manquer de soin face à ses besoins c'est s'arranger à ne pas être un problème face à la solution » (La démarche qui mène à la solution est celle que nous devions préconiser en vue de réussir face au problème). « S'accrocher à la solution n'est nullement pas la manière appropriée pour décrocher avec le problème cela dit il convient de comprendre ce qu'on a à faire face à quel type de problème qui nous préoccupe pour enfin bien s'épanouir dans sa visée, mieux que de fuir le problème ce qui induit une fuite de responsabilité chercher à le connaitre est la voie normale pour le résoudre » (On ne peut pas vivre que de solution dans la logique où le problème et la solution s'alternent dans la vie ce qui se préconise dans ce sens pour l'individu est de bien s'instruire pour faire face à ses préoccupations). « La solution ne demande autre disposition qui ne saurait concordée avec la précision partout où la solution s'éloigne du bon sens la résolution s'accomplit à tort » (La résolution face à la préoccupation du problème nous la réussissons seulement en étant précis). « Pour solutionner quoi que ce soit il faut se préoccuper d'abord, dans l'inconscience nous nous éloignons du bon sens qui s'accomplit sur la suffisance dans l'existence » (La solution recommande en tout et pour tout le bon sens à l'individu pour bien s'accomplir). « Dans la mesure où la précision est solution logiquement qu'il n'y a pas de solution qu'avec précision et non pas contre la précision » (La solution sincère s'accomplit avec précision et non pas à l'encontre de la précision). « Le rêve mène à la solution même si la solution n'est pas que rêve, il est bien nécessaire d'ambitionner pour solutionner quoi que ce soit, le rêve n'est pas du tout une limite à la solution si nous savons ce qu'elle apporte en terme de précaution » (Le rêve utile aide l'humain à bien solutionner les défis de sa vie). « C'est bien éclairée que la solution est clé, l'importance de la solution réside bien dans le bon sens qu'elle incarne » (La solution incarne le bon sens dans l'existence ainsi elle nous importe dans ce sens positivement). « La solution n'a pas besoin de correction car venant de la précision » (La solution bien précise suffit largement). « Bien qu'on soit pour la solution on n'a pas toujours la solution » (Aimer la solution ce n'est pas forcément l'avoir pour soi). « Outre que la chance l'intelligence c'est la pertinence nous comprenons pourquoi la solution nous sourit avec suffisance » (La solution sourit en toute suffisance à celui qui la conçoit avec intelligence). « La solution est juste une question de précision en plus d'une décision de réflexion » (La solution part de la précision dans la vie). « On est connaisseur qu'en sa faveur » (La base d'une connaissance positive nous profite durablement dans la vie dans la résolution de problème). « Autant il n'y a pas de connaissance à l'encontre de la solution pareillement il n'y a pas de solution à l'encontre de la connaissance dans l'existence étant donné que la solution est précision ainsi la précision est solution » (La connaissance certaine ne s'oppose pas à une solution qu'elle façonne). « Face à l'erreur le connaisseur fait de son nécessaire voilà pourquoi il est clair » (Le connaisseur est bien clair face à l'ignorance). « Force est de connaitre qu'il ne s'agisse pas de la force pour connaitre ! » (La force n'est pas la voie appropriée pour connaitre en vue de solutionner quoi que ce soit). « Seulement l'intelligence n'est pas un problème dans la mesure où elle nous dresse contre les problèmes » (L'intelligence qui nous dresse contre les problèmes n'est pas du tout un problème). « On ne résout pas un problème en le fuyant mais mieux en s'assumant » (Le problème se corrige en s'assumant). « L'intelligence ne fuit pas le problème mais plutôt problématise la fuite en bien l'étudiant en vue de le résoudre, celui qui n'est pas intelligent pour rien sait bien défendre la solution face à l'assaut du problème » (L'intelligent s'invente en terme de solution et d'initiative face aux problèmes). « Ignorer l'existence du problème est en fait un double problème comment solutionnons nous un problème que nous ignorions ? » (L'individu ne peut pas solutionner le problème qu'il ignore). « La solution se conçoit souvent dans la discrétion, afin qu'elle nous serve en toute précision, n'importe qu'on la pense ou pas en discrétion l'essentiel est que la solution ne manque pas de précision » (La précision est le propre de la discrétion). « Si ce n'est pas sans problème qu'on arrive à bout du problème c'est parce que le sacrifice fait le bénéfice » (L'utilité dans la résolution d'une crise nous prouve que le sacrifice fait le bénéfice). « Une fois qu'elle se dresse contre ce qui est faux la solution est bien ce dont il nous faut » (La solution est bien ce qui convient lorsqu'elle concorde avec la vérité). « Etant donné que rien n'aboutit à rien seule le bien profite comme solution » (La solution n'est pas rien pour celui qui souhaite vaincre le problème ainsi il s'imagine bien pour s'épanouir). « La solution est bien importante parce qu'on la sait aidante » (L'aide que génère la solution nous renforce dans la vie). « Mieux qu'être une solution la précision c'est la solution » (La précision est la solution en plus d'être une simple solution représentative). « La solution n'est pas sans importance voilà pourquoi le problème mérite toute cette importance car la solution bien pensée est l'émanation d'un problème compris » (Le problème bien compris mène à la solution bien pensée). « La solution qui ne s'oppose à aucun danger se propose nettement avec danger, la solution inefficace est bien un problème déguisé » (La solution inefficace est un problème déguisé). « La solution est faite de précaution par conséquence elle ne s'oppose pas à la précision, moins de précaution c'est moins de solution » (La solution se rapporte à la précision dans le temps). « La solution est nécessaire voilà pourquoi elle est claire » (La clarté de la solution fait sa cherté). « La solution est bien l'expression de clarté et d'exemplarité raison pour laquelle elle aspire dignité et liberté » (La solution exprime la clarté dans la dignité et l'exemplarité). « Comme solution seule la précision suffit, bien précis et réfléchi le sens procure la suffisance en toute évidence » (L'importance de la solution réside dans le fait qu'elle est bien réfléchie). « Ce qui manque à la solution n'est pas un manque pour la solution une fois découlant de la précision » (La solution qui découle de la précision sert avec utilité). « Ce qui compte chez la solution n'est pas du tout compté chez l'illusion voilà pourquoi l'illusion ne fait pas la solution pareillement la solution ne fait pas l'illusion » (La solution c'est la solution qu'on le veuille ou pas). « C'est bien combattre la solution que de se passer de la précision pour combattre, c'est se battre à son encontre » (L'individu qui se bat à son propre encontre se bat contre la précision). « Le problème de la connaissance n'est autre qu'elle s'oppose à l'ignorance cela dit la connaissance n'a pas de problème pour celui qui sait ce qu'il signifie » (La connaissance n'a pas de problème pour celui qui l'estime en sa juste valeur). « Croire au problème c'est se mouvoir pour la solution, la croyance à la solution nous permet de bien se mouvoir pour la solution » (La solution certaine nous l'obtenons en croyant à la présence du problème lequel compris nous aide à forger la solution). « La solution en plus d'être question de la condition il nous faut bien la fonction, de la solution à la solution la différence est souvent réelle » (La solution n'est forcément pas pareille à la solution donc de la solution à la solution on peut s'attendre à la différence). « Comprenez les problèmes ainsi vous concevrez des solutions qui vous ferons triompher : pensée objectivement la solution profite suffisamment » (La solution aide à triompher celui qui comprend bien le problème). « La bonne disposition conforte la solution certaine » (La solution certaine nous permet de bien triompher face aux défis). « Tout ce qui nous arrive dans le temps n'arrive pas en problème ni en solution » (Le problème et la solution s'alternent dans la vie). « Le problème nous enferme à défaut d'être ferme à son encontre » (N'évoluant pas à son encontre justement que le problème nous dépasse). « Le problème n'est pas sans raison même si la solution n'est pas contre la raison » (Le problème et la solution s'expliquent par des raisons différentes).

L'INTELLIGENCE ET L'ININTELLIGENCE

« L'intelligence n'est pas sans confiance pour celui qui l'estime en juste évidence car seule la confiance au bon sens renforce l'intelligence » (L'intelligence tient à la suffisance du bon sens). « Tout ce qu'on peut savoir sur l'intelligence n'est autre que l'intelligence est savoir » (L'intelligence est savoir il faut bien le comprendre). « L'intelligence ne nous oriente nullement pas à s'opposer à l'intelligence mais plutôt avec intelligence, partout où demeure l'intelligence demeure le bon sens avec, sa répercussion de la suffisance avec » (L'intelligence nous profite seulement lorsqu'on la pense avec bon sens). « Sans pour autant avoir la connaissance alors comment promouvoir l'intelligence ? » (L'individu ne peut pas promouvoir l'intelligence en dehors de la connaissance). « Intelligent on est bien indépendant étant donné qu'on n'est pas indépendant du bien » (Le bon sens fait logiquement la grandeur de l'intelligent en toute intelligence). « Quand l'évidence confirme c'est bien confirmé dans la mesure où l'évidence est intelligence » (L'évidence est intelligence pareillement l'intelligence est évidence). « Si toutefois elle est importante c'est parce que l'intelligence est bien regardante par rapport à l'évidence » (L'intelligence est regardant par rapport à l'évidence ce qui la confère sa grandeur). « Dans la maitrise on jouit bien du bénéfice raison pour laquelle l'intelligence profite plus » (L'intelligence profite plus pour celui qui pense juste). « Si le fou ne sait rien du tout c'est parce que la connaissance n'a rien de fou !» (La connaissance n'est pas folle dans la mesure où le fou ne sait rien du tout). « Chez l'humain ce qui n'est pas bien est vain » (La chose qui n'est pas bonne chez l'humain est bien vaine). « Ce qui vient du bien convient comme gain » (Le bien seul convient comme gain). « On ne prive pas le poids de son soutien à ce à quoi l'on tient » (L'individu soutient nécessairement ce à quoi il tient). « Quand on aime la vérité c'est qu'on s'aime en vérité » (L'intelligence dans l'amour demande de s'aimer en réalité). « Que de dépendance dans la complaisance » (L'intelligence existentielle nous dresse contre la dépendance dans la manière). « Plaire par peur c'est complaire dans la manière » (La complaisance dans la manière fait en sorte que l'humain cherche à plaire par peur). « Ce sans quoi il n'y a pas d'intelligence c'est l'évidence, l'intelligence d'accord mais l'évidence d'abord » (La clé de l'intelligence passe justement par l'évidence d'abord). « C'est bien intelligent qu'on ne s'oppose pas à son bien dans l'existence » (L'intelligence est bonne dans la mesure où elle s'oppose à ce qui ne l'est pas ainsi se traduit-elle). « On n'est jamais intelligent pour se passer de l'intelligence, l'intelligent qui pense pouvoir se passer de l'intelligence sera certainement dépassé dans son intelligence ; on est intelligent qu'en restant évident » (L'intelligence s'opère sincèrement dans la faculté de discernement positive de l'humain). « Si l'intelligence ne nous trompe pas alors en quoi sommes-nous intelligents pour tromper ? Ce n'est rien faire pour ne pas vivre égaré que de penser pouvoir tirer profit de sa faiblesse qui démontre notre faiblesse à nous » (L'intelligence est en tout et pour tout synonyme de sagesse). « Tout ce qu'il y a d'important chez l'intelligent tout comme dans l'intelligence c'est l'évidence dans le sens, cela dit nul ne se fait intelligent dans l'inconscience, cultivez en vous le sens de l'éminence ainsi vous vivrez chanceux dans l'intelligence » (La vie nous la passons chanceux dans l'intelligence en acceptant d'accroitre en soi les valeurs matures nécessaires à notre épanouissement). « Aussi longtemps qu'elle se dressera contre l'inconscience l'intelligence restera synonyme de suffisance » (L'intelligence est synonyme de suffisance dans la mesure où elle se dresse contre l'ignorance). « Plus c'est intelligent moins c'est inquiétant » (L'intelligence est suffisance dans le sens). « Moins l'on se soucie pour la liberté moins l'on est futé face aux difficultés » (La liberté positive accroit l'intelligence humaine). « L'une des règles d'or de la connaissance manifeste dans l'intelligence fait qu'on est limité dans son intelligence, mais on n'est pas limité par l'intelligence » (L'intelligence s'appuie sur le soutien de la connaissance pour nous rappeler notre limite dans la vie). « Plus qu'une question de chance l'intelligence est une condition de bon sens » (L'intelligence s'exprime à travers le bon sens). « C'est bien indépendant que nous vivions intelligent, seule la dépendance à l'évidence assure à la fois l'intelligence et l'indépendance » (La dépendance à l'évidence renforce la capacité d'indépendance de l'individu). « Intelligent on est pesant et influent, dans la mesure où l'intelligence fait la différence positive en quoi l'intelligent n'est-il pas positivement productif pour soi ainsi que pour sa société » (Le rôle de l'humain intelligent est bien saillant dans sa société). « Si l'intelligence n'est pas sans problème, l'intelligent n'a pas cent problème car dans l'intelligence on s'assume face aux problèmes » (L'intelligent s'assume face aux soucis de l'existence). « Pareillement au savant d'un jour l'intelligent d'un jour se vante plus qu'il ne s'invente » (L'intelligence s'accomplit dans la capacité à booster au mieux la productivité humaine plutôt qu'à se vanter déraisonnablement). « Farce est inintelligence, force est intelligence » (L'intelligence procure la force à la différence de l'inintelligence). « La lumière est meilleure conseillère » (L'intelligence de la connaissance nous conseille de tenir avec suffisance). « Le temps est important pour l'intelligent dans la mesure où on est intelligent que de calcul nous ne calculons pas à l'absence du temps en présence d'une évidence déterminée et déterminante pour la réussite de notre analyse cela dit nous déduisons que l'intelligence en toute suffisance ne se démarque pas de l'impact du temps qui l'oriente » (Le temps détermine l'intelligence d'une part). « Si l'intelligent est gênant c'est parce qu'il est évident et indépendant face aux soucis de la vie » (L'intelligent est gênant dans la mesure où il est évident et indépendant face aux soucis d'une part). « On est intelligent qu'évident, on est intelligent qu'en connaissant » (L'intelligent est bien connaisseur dans sa façon de faire les choses). « L'inintelligence ne nous donne pas ce que l'intelligence ne nous as pas donné, c'est certainement se tromper sur l'intelligence que de penser que l'intelligence nous trompe » (L'individu ne se comble pas dans l'inintelligence mieux c'est l'intelligence qui lui profite). « N'étant pas sans importance alors en quoi l'évidence nous appelle à agir à l'encontre de l'évidence » (L'importance de l'intelligence ne demande nullement pas à agir à l'encontre de l'évidence).

L'ILLUSION ET L'IMAGINATION

« Croire à l'illusoire c'est croire pour ne pas croire, c'est croire pour se décevoir » (L'illusion conduit justement à la déception dans la croyance). « L'illusoire est foutoir » (Il y a du désordre dans l'illusion). « D'une part il n'y a plus illusoire que de ne pas croire à l'existence de l'illusoire » (On est profondément illusoire dans sa démarche lorsqu'on ne croit pas à l'existence de l'illusoire). « Nullement l'illusoire ne permet d'accéder au savoir » (La démarche illusoire ne nous permet nullement pas d'accéder au savoir). « On est meilleur que militaire et imaginaire ! » (Le sens militaire et imaginaire rend meilleur). « Rien de ce qui s'imagine mal ne s'imagine contre le mal, seulement l'imagination conforte la production quand elle s'éloigne de l'illusion, sans précision l'imagination n'est que préoccupation » (L'imagination vire dans le cadre de la préoccupation sans précision aucune dans sa démarche). « On n'imagine pas sans raison même si l'on imagine à l'encontre de la raison : imaginer selon sa raison et imaginer en fonction de la raison cela fait deux » (L'imagination n'est pas sans raison fondée ou pas). « Quand l'illusoire fait croire c'est pour ensuite nous décevoir » (L'illusion est la déception dans la vision). « Dans l'illusion outre que de penser le monde autrement nous le pensons déraisonnablement » (L'illusion est l'erreur de perception de la réalité). « L'illusoire n'est forcément pas qu'une question de terroir » (L'illusion dépasse aussi la frontière des terroirs). « La force de l'imagination s'aboutit contre la farce de l'illusion » (La farce de l'illusion ne fait pas la force de l'imagination). « Celui qui ne contrôle pas son imagination est bien contrôlé par l'illusion » (L'illusion contrôle l'individu qui ne contrôle pas son imagination). « Rien de bien ne s'imagine quand on hallucine » (L'hallucination ne permet pas au renforcement de la qualité de l'imagination). « L'imagination est bien une réalité même si la réalité n'est pas toujours imaginée » (Tout ce qu'on imagine n'est pas de la réalité). « La suffisance dans l'existence est aussi et surtout fonction de la puissance de l'imagination, mieux nous imaginons mieux nous réussissons dans la vie » (La qualité imaginaire de l'individu détermine sa valeur salutaire). « C'est toujours une chance de penser quand on a conscience à ce qu'on pense » (La chance est pour l'individu de penser lorsqu'il a conscience de ce qu'il pense). « Chez sensé tout est bien pensé : vivement le bon sens est le sens par excellence » (Le sens par excellence est celui du bon sens, tout est bien pensé dans le bon sens). « Si rien ne se pense à l'absence de la pensée c'est que la pensée n'est pas rien, on ne cache pas la pensée au pensée même si on se cache à travers la pensée » (La pensée n'échappe pas à l'appréciation de l'imagination principale cela dit rien ne se pense à l'absence de la pensée même si nous pouvons cacher ou nous cacher à travers la pensée). « Nous tirons bien profit d'une imagination justement précise, pour qu'imaginer soit juteux tâchons à ce qu'il soit éclairé » (L'imagination juteuse est bien éclairée dans sa démarche). « L'imagination est d'autant plus une source de motivation face aux préoccupations quand elle concorde avec la précision » (L'imagination est toujours confortable avec le soutien de la précision). « Seulement on n'a pas droit de profiter du mal, quand on profite du mal à l'encontre du droit : non nécessaire le mal n'est pas salutaire » (Seul le sacrifice utile est recommandé comme mal nécessaire). « La bonne compréhension conduit justement à la détection de la bonne détermination, cela dit l'occasion réussie ne se passe pas d'une imagination précise, laissez accroitre vos imaginations ; entretenez les, soignez les ; comblez les afin qu'elles puissent vous permettre de vous épanouir à jamais » (La connaissance de l'imagination ouvre la voie à la réussite). « On ne peut pas penser à tout à la fois et avoir la foi à ce qu'on pense : la concentration demande au moins de la précision, détail à l'absence duquel toute résolution est illusion » (La concentration demande l'effort de la résolution précise pour une cause déterminée et déterminante pour qu'elle nous soit utile).

« Quand on doit se concentrer n'oublions pas d'être droit dans la concentration » (Le profit de la concentration demande de la droiture de l'individu). « Heureux est aussi et surtout celui qui sait se concentrer pour la cause éclairée, que d'effort pour vivre fort, le bonheur a un prix il se gagne à l'encontre du malheur » (Le bonheur se gagne à l'encontre du malheur en bien s'éclairant dans sa démarche). « Dans l'imagination se démarque la distinction dans la mesure où ceux qui pensent différemment se résolvent différemment se distinguent nettement sur certains points » (L'imagination qui qualifie l'individu lui distingue des autres). « Mille fois imaginée différemment l'illusion ne fait qu'halluciner cela dit de sa part on ne s'attend qu'à de la lacune » (L'illusion est l'essence de la lacune dans la vie humaine). « Pour décider il faut au moins imaginer » (La décision demande l'imagination). « Même s'il arrive souvent que le bien se pense mal, chez bien tout se passe bien en fait : même mal pensé le bien n'a pas du mal a passé étant donné la réalité de la frontière entre la vérité et le mensonge » (L'erreur sur le bien ne change pas mal, pareillement l'erreur sur le mensonge ne le transforme pas en vérité). « Même mal pensé, le mal a toujours du mal à passer en terme sensé » (Le bon sens nous édifie sur la différence entre le bien et le mal). « Pour celui qui mesure la réussite en sa juste valeur déterminer la pensée en sa juste manière est bien utile » (La réussite selon la bonne manière nous permet de déterminer l'ambition en sa juste manière). « Dans la mesure où la réussite n'est pas une illusion c'est que l'illusion est perdue, partout où nous mesurons la réussite en sa juste valeur nous nous éloignons de l'illusion pour l'en forger » (La réussite certaine se forge partant du bon sens dans l'existence). « Celui qui contrôle bien son imagination contrôle sa résolution dans la vie ainsi s'assume bien dans l'existence ; la tête est bien l'organe sans lequel rien ne marche bien dans la vie ; alors sachons que faire de notre tête pour bien parfaire sa vie » (La maitrise de sa tête par l'individu lui permet de bien réussir sa vie). « L'imagination qui conduit à la complication est bien nourrie dans l'illusion, pour qu'ensuite l'idée nous serve à quelque chose il faudrait d'abord que nous la pensions selon notre cause » (L'idée ne se fait pas d'elle-même il convient de ce fait de bien la penser pour qu'elle nous soit utile). « Par rapport à l'imagination la réalité n'est autre qu'elle est imagination, n'importe la positivité ou la négativité qu'elle renferme l'idée c'est l'idée ni plus ni moins » (L'idée reste l'idée peu importe la valeur qu'elle diffuse). « On ne manque pas d'imagination même si on tient au manque comme imagination cela donne à la pensée ce pouvoir immense de référer l'existence dans l'entièreté » (L'idée pour celui qui compte la vie). « C'est parce que la réalité en vue n'est forcément pas la réalité dans la vie je comprends pourquoi il est dangereux de se fier à ce qui ne peut pas se justifier » (La réalité en vue n'est forcément pas la réalité dans la vie voilà pourquoi il faut-être prudent avant de faire confiance à quoi que ce soit).

LA VIE ET LA MORT

« A quoi bon ne pas se déterminer quand on n'est pas terminé » (Dans la vie il est utile pour l'individu de se déterminer, au mieux pour s'assumer encore vivant). « Quand ce n'est pas terminé il faut bien se déterminer » (La vie demande la détermination en vue de valoriser l'existence humaine). « Même déterminé on est souvent dépassé dans la vie » (La détermination n'empêche pas l'incapacité humaine). « Dans la mesure où il n'y a pas de preuve ni d'épreuve sans connaissance, la connaissance constitue à la fois la preuve de l'épreuve et l'épreuve de la preuve » (La connaissance est l'assise de la preuve de l'épreuve et l'épreuve de la preuve, elle est saillante). « Face à l'épreuve il est nécessaire d'user la force de la preuve et non pas la preuve de la force » (L'intelligence nous demande d'utiliser l'intelligence de la preuve et non pas la preuve contre l'intelligence consistant à l'usage de la force aveugle). « L'existence n'est pas sans importance voilà pourquoi exister est bien clé, l'existence est bien utile pour celui qui se sait mature » (L'individu ne peut pas ne pas reconnaitre l'importance de l'utilité pour faire face à la difficulté dans sa vie). « L'existence est importance, l'importance est suffisance, la suffisance est évidence » (L'existence passe par la clé de l'importance de l'évidence). « Derrière chaque preuve de vie s'atteste une épreuve de la lutte » (La preuve de la vie s'affirme par l'épreuve de l'engagement). « L'épreuve de l'engagement précède la preuve du changement » (La preuve du changement passe par l'épreuve de l'engagement). « Comment peut-on compter dans la vie quand on ne compte pas sa vie, l'importance du vivant est fonction de la considération qu'il accorde à son existence au mieux dans la vie une présence de référence nous assure une absence de préférence, de son vivant l'individu doit travailler à faire en sorte que triomphe la réussite en sa qualité pour marquer la vie à jamais d'une main positivement exemplaire » (L'individu joue un rôle important dans le renforcement du statut social qu'il souhaite se donner). « On est bien conseillé par la vie quand on s'éclaire vivant, les leçons de la vie servent de solution pour le vivant » (Le vivant peut mieux tirer profit des leçons de la vie). « On ne vit pas pour ne pas mourir » (La vie et la mort s'alternent dans l'existence). « La vie est amour ainsi le vivant est amoureux » (Le rôle de l'amour est saillant dans la vie). « La vie est à la fois une question de choix et une gestion de la loi, le vivant en faisant son choix ne s'exclut pas de la loi naturelle de la vie » (La loi de la vie et le choix du vivant déterminent la personnalité du vivant). « Plutôt qu'un choix la mort est une loi : qu'on choisisse ou pas la mort, la mort nous choisit » (La mort est une loi pour le vivant). « Si on n'a pas d'avantage sur la mort, on meurt malgré ses avantages » (La mort ne nous donne pas le choix en terme d'avantage peu importe notre statut). « Dans la vie on est bien avantageux qu'en étant sérieux » (Le sérieux seul préconise l'avantage humain). « On ne peut pas ne pas se plaire dans la vie et ne pas souffrir pour son plaisir si toutefois nous souhaitons bien profiter de la jouissance : on accepte de faire la guerre pour ce qu'on a dans le cœur » (Le plaisir de la vie se construit sur le sérieux du vivant à s'investir au mieux pour s'épanouir en toute circonstance et cela positivement). « La vie n'est qu'effort ce n'est pas vivant que nous le démentions, vivant on est bien appelé à fournir du sacrifice pour se servir en plus » (L'individu se sert de plus dans la vie en sachant mieux s'impliquer dans l'existence). « Dans la vie on prie pour mettre fin à ce qui nous empêche d'arriver à la réalisation de notre fin » (La vie est une question d'intérêt pour l'individu ainsi il s'oriente en fonction de l'intérêt qu'il préserve dans le temps et l'espace). « Comment peut-on avoir à plus forte raison profiter de son temps, quand on est en retard sur le temps, dans la vie le mieux pour s'épanouir c'est bien s'instruire dans le temps ensuite marcher avec » (L'instruction de l'individu dans le temps puis sa démarche avec lui permet bien de s'accommoder face à ses besoins). « Quand on accorde du temps au retard bien sûr qu'on sera en retard sur son temps : nous ne saurons nullement pas profiter de notre temps aussi longtemps que nous serons en retard sur sa connaissance » (Le temps bien connu est facilement exploitable pour l'humain). « La vie est un temps pour le vivant cela dit le vivant s'accomplit dans le temps » (Le vivant s'accomplit dans le temps en réalité). « La mort ne peut pas nous dire quelque chose si la vie nous tient à quelque chose, autant la vie nous est important autant la mort nous préoccupe vivant cela dit la mort nous préoccupe et l'on peut mourir préoccupé sans que la préoccupation n'arrive à bout de la mort » (La mort n'est pas sans importance pour celui qui mesure la vie en sa juste valeur). « La mort ne pardonne pas l'existence » (La mort ne pardonne pas l'existence). « Tout se conclut par la mort » (La mort conclut la vie). « On ne peut pas compter sur la vie sans être compté par la mort car tout vivant est mortel » (La mort nous compte tant qu'on est vivant car la vie se conclura certainement par la mort). « Vivant on est empêché par la mort mais on n'empêche pas la mort » (La mort est bien un frein pour la limite de la vie). « Il n'y a pas de mal à vivre une vie qui s'opère contre le mal cela dit on se fait mal pour ne pas y avoir à faire au mal : la qualité productive d'une vie est fonction de sa détermination contre le vice » (La vie utile s'opère contre le mal en produisant le sacrifice nécessaire pour le salut du vivant). « Dans la vie bien étant qu'on ne soit pas d'avis on choisit son avis, la différence dans la perception mentale des humains que nous sommes s'opère en reconnaissant à tous son autonomie réflexive, cela dit la liberté de penser est bien une liberté inaliénable pour la personnalité » (La vie s'exerce dans la reconnaissance de la liberté réflexive des uns et des autres parlant des vivants). « A quoi bon ne pas être cohérent une fois vivant, pour que la vie nous profite juste est la qualité qui se nécessite » (La qualité juste se nécessite pour que la vie nous profite). « Si la vie n'est que regret cela dit mieux le vivant soigne son choix il réussit dans sa voie moins il regrette négativement son existence dans le cas échant il la regrettera amèrement » (Le regret positif ou négatif dans la vie d'un individu est fonction de l'orientation du vivant). « Vivant on ne manque pas de plan à moins qu'on ne fasse recours au manque comme plan, la vie n'est pas sans stratégie pour celui qui souhaite la mener loin des tragédies » (La vie s'opère par rapport à la stratégie tenue par le vivant). « S'il est bon d'être vivant c'est qu'il est mieux d'être savant » (La vie qui s'opère contre l'ignorance procure au vivant sa dignité recherchée). « Etre en vie et connaitre la vie cela fait deux » (La connaissance de la vie et l'existence dans la vie cela fait deux).

LE TRAVAIL ET LE CHOMAGE

« Le travail qui nous profite ne mérite pas qu'on l'évite, quand on le fuit c'est pour perdre plus plutôt que de gagner plus » (Le travail nécessaire à la promotion du salut humain ne se fuit pas mais plutôt nous l'opérons pour le réussir). « Celui qui ne réussit pas à travailler par manque de volonté travail certainement contre la réussite à défaut de travailler pour réussir on peut flâner pour échouer » (Le choix de l'individu dans la vie se limite à deux : accepter de travailler pour réussir ou ne pas le faire pour échouer). « C'est parce qu'il nous assiste contre la difficulté que le travail n'est pas sans difficulté : ce qu'on emploie contre la chose difficile est bien utile difficile à la fois le plus généralement » (Le travail s'emploie contre la difficulté partant de sa nécessité sacrificielle pour promouvoir la liberté humaine). « Se libérer sans travailler c'est bien se moquer de la liberté, de la dignité de la vérité avec, c'est ne faire qu'enchainer sa personnalité : sans se mentir se mentir ne fait pas réussir » (La liberté réelle ne s'acquière pas sans travail aucun, la voir autrement c'est se tromper profondément). « On ne peut pas se libérer pour vivre heureux sans pour autant travailler ! » (Le travail assiste l'humain dans le processus de recouvrement de sa liberté). « Pour qu'on ait une liberté couplée à la dignité il faut qu'on ait sa personnalité et cela non pas sans travailler » (Le travail assure à l'humain l'indépendance souhaiter pour sa personnalité en n'ignorant pas son statut à juste titre). « A moins qu'on ne travaille pour échouer on ne travaille pas pour ne pas travailler, pour que le travail nous profite au juste il faut savoir quel travail faire s'éclairer sur quoi opérer nous aide à bien supporter le poids du travail » (Le travail pesant qu'il soit pour le réussir la connaissance est utile en vue de s'éclairer de la part de l'humain). « Si le travailleur compte sur le travail c'est parce qu'il travaille aussi à son compte aussi longtemps qu'il n'aura pas intérêt à provoquer son propre échec il suivra scrupuleusement la réussite de son travail » (Il est important que le travailleur se soucie bien pour la réussite de son cadre de travail ce qui est salutaire en somme). « S'il ne tient pas à l'erreur bien sûr que le travailleur sait quoi faire » (Le travailleur sait quoi faire dans la mesure où il ne s'en tient pas à l'erreur). « Même malheureux il faut travailler quand on tient au bonheur alors comment provoquer le changement sans travail ? » (Le travail est l'assise du changement pour celui qui souhaite changer sa situation). « C'est bien travailleur qu'on est militaire ! Si le travail ne traduit pas l'engagement alors qu'on me montre ce que c'est ? » (Dans la vie l'individu s'engage par son travail). « Comment peut-on bien travailler sans pour autant bien s'assumer, il faudrait au préalable savoir que comparé au chômage le travail est bien réconfortant pour qu'on en fait un souci particulier » (La connaissance du travail se nécessite bien puis détermine le degré d'engagement du travailleur pour gagner son honneur). « C'est toujours un honneur de travailler même si on brave la douleur pour opérer » (Le travail n'importe sa dimension sacrificielle est utile pour la promotion de l'émancipation humaine). « Il faut tout faire pour travailler mais il ne faut jamais travailler pour tout, sachez quel travail faire ainsi travailler vous sera utile » (Le travail profitable est bien le produit d'une pensée raisonnable). « On peut compter toujours sur un travail organisé selon le plan de la vérité, mieux le travail est éclairé bien le travailleur en profite dans la mesure où le travail ne se fait pas seul il doit s'évertuer à savoir comment orienter son effort en vue de ne pas le fournir à tort ce qui à défaut de lui conduire à l'essor ne peut que provoquer son ennui » (Il est toujours important que le travailleur sache mettre à temps un accent particulier sur la nature du travailleur à faire en promouvant bien sa qualité). « La qualité du travail est aussi et surtout fonction de la personnalité du travailleur » (Dès fois la qualité du travail est fonction de la personnalité du travailleur). « Même travailleur on est sujet au malheur n'importe les vicissitudes de la vie, le travailleur doit toujours positiver gagner de la confiance en soi sur les circonstances en vue de réussir à suffisance sa vie » (Le travailleur doit nourrir un mental d'acier en vue de réussir son engagement dans la vie). « C'est parce qu'on n'est pas travailleur pour rien que le travail nous profite bien » (Le travailleur tire profit du travail n'étant pas travailleur pour rien » (Le travailleur accompli, tire profit du travail étant bien engagé pour sa cause). « La bonne cause est la cause de bien travailler raison pour laquelle : mieux vaut s'amuser à travailler que de s'amuser avec le travail » (L'individu doit s'amuser à travailler plutôt que de s'amuser avec le travail). « La fonction du travailleur s'explique aussi par la condition du travail » (La condition du travail détermine d'une part la fonction du travailleur). « On est travailleur que de guerre, on est travailleur que de cœur, on est travailleur aussi et surtout de repère » (L'esprit et la combativité forgent le réflexe travailleur de l'individu). « C'est bien travailleur qu'on est cher » (Le travail procure à l'individu respect et considération). « Aimez ce que vous faites ainsi vous serez aimé en faites car l'amour se reflètera sur vos produits » (L'amour vend la qualité du travailleur épris par le travail qu'il mène). « Etre travailleur c'est aussi et surtout souvent faire face aux barrières sans pour autant les fuir; quand on ne se trompe pas de manière parce qu'on s'appelle travailleur non pas sans rigueur et guerre pour réaliser ce qu'il y a de meilleur pour l'honneur » (Le travail c'est l'abnégation du travailleur, sa détermination à changer les situations difficiles à celles faciles en rehaussant son engagement à la hauteur de son espérance). « Celui qui nous aide à travailler nous aide à nous libérer même s'il ne le dit pas par conséquent ne peut nullement pas figurer parmi nos ennuis par son sage esprit de nous voir épanoui » (L'assistance au travail est une assistance remarquable nécessaire pour l'autonomisation de l'individu). « Comment travaillerons-nous pour arriver, quand on n'arrive pas à travailler ? Il faudrait que l'oisif soit d'abord conscient de son oisiveté afin de faire du travail une priorité » (Le chômeur oisif doit-être conscient de sa situation en vue de s'activer pour travailler). « Si rien ne remplace le travail c'est que le travail n'est pas rien » (Le travail compte bien par sa dimension cruciale). « Loin de l'erreur et du déshonneur on est travailleur qu'en sa faveur » (Le travailleur ne se dessert pas quand il s'accomplit contre le mal). « Ce qui s'accomplit contre le travail s'accomplit contre la liberté ainsi celui qui souhaite nous enchainer à jamais ne fait rien pour nous aider à travailler » (Le travail est indiscutablement une source inaliénable de la promotion de la liberté humaine). « Pour qu'il nous approche de la réussite bien sûr que le travail nous éloigne de l'échec ainsi s'opère le changement produit de l'engagement actif du travailleur à changer sa condition de vie » (Le travail profite au travail par le biais du changement qu'il opère montrant son efficacité). »

LE TEMPS LA NATURE ET L'ESPACE

« On ne peut pas ne pas avoir de temps pour la mort car la mort survient avec le temps pour le vivant » (La mort signe la fin du temps du vivant). « Le temps c'est du concret » (Le temps ne ment pas). « Le temps est là il y a bien longtemps sachant qu'il a tout le temps pour s'afficher dans le temps ; avant que n'arrive la fin des temps vivra le temps à jamais » (Le temps souffle à jamais avant la fin des temps). « Ce qui s'opère contre le temps s'opère contre le vivant qui l'anime car l'humain c'est le temps » (L'œuvre qui nuit à l'humain nuit à son temps dans la mesure où d'une part l'humain c'est le temps). « Quand on a le temps de réfléchir au moins c'est qu'on a la chance de construire au plus à condition qu'on soit juste par rapport à ce qu'on pense » (Le temps renforce la fiabilité de l'individu qui le tire profit en toute intelligence). « Dans le temps n'ignorant pas à quoi se fier on se fie bien à ce qui est éclairé ; pour prospérer dans le temps il faut bien veiller à s'éclairer en toute importance » (L'éclairage de l'individu dans le temps lui permet bien de se retrouver au mieux). « Comprendre le temps c'est comprendre la vie, le vivant avec car dans l'existence les choses se pensent et se passent dans le temps » (L'existence démontre la nécessité de la compréhension du temps par l'humain qui englobe la vie humaine). « On a au moins le temps pour la vie ; pour ne pas avoir le temps dans la vie quel dommage pour le vivant otage de son ignorance faisant obstacle à son existence : on ne peut que perdre son temps quand on l'accorde à la perte » (L'utilisation non judicieuse du temps par l'humain fait qu'il le perde sans forcément le savoir). « On a moins du temps pour la vie pour ne pas avoir le temps dans la vie, quel paradoxe pour le vivant » (Le vivant vit souvent le paradoxe de manquer de temps dans la vie sans pour autant le manquer pour la vie cela se comprend et s'explique par son imperfection). « Ce n'est pas parce qu'on vit que tout devienne facile » (Tout ne nous sourit pas parce qu'on est vivant). « Comprenez votre temps ainsi vous réussirez dans la vie, le pire pour le vivant est d'être en retard sur son temps et puis se vouloir sûr de son existence » (Une fois en retard sur son temps l'individu ne peut pas s'épanouir en réalité car il reste dans l'ignorance). « C'est toujours une chance de changer dans le temps, cependant c'est une malchance de ne pas avoir le temps de changer si nécessaire en sa faveur » (Le changement utile est bon à procéder à notre faveur dans le cas échéant ne pas changer n'est pas intéressant dans la mesure où le changement est nécessaire pour s'améliorer). « On ne peut pas changer de choix sans qu'on ait le choix de changer » (Le changement de choix demande d'avoir le choix de changer). « C'est bien avantageux de changer quand on est éclairé » (Une fois éclairé le changement profite bien à l'humain). « Le changement est le moteur de l'engagement, on ne s'engage pas pour que les choses restent comme telles toutefois si nous n'agissons pas à notre défaveur ! » (L'engagement détermine au mieux le moteur du développement pour l'individu). « Si l'on ne doit pas s'engager partout on doit s'engager en tout » (Pour la bonne cause on doit bien s'engager pour arriver à réaliser son but). « Quand on s'engage vivement la vérité nous engage ! ». « L'engagement mérite du sérieux pour que le changement soit audacieux » (Comme rendement de l'engagement le changement est audacieux en fonction d'un engagement sérieux). « Quand on engage sa personne, on engage sa vie raison pour laquelle on ne doit pas s'amuser avec l'engagement dans la vie pour ne pas s'enliser dans l'avis si la personnalité est sacrée l'engagement qu'elle mérite doit-être futé » (L'engagement au rang de la personnalité doit-être bien pensé). « Pour le vivant le changement c'est comme la mort on ne le fuit pas pour l'échapper » (Le changement l'humain le subit vaille que vaille). « Bien plus qu'une question de choix le changement est une obligation de loi raison pour laquelle on n'est pas humain pour se soustraire au changement n'importe qu'il nous plaise ou déplaise » (Le changement s'impose à l'humain on ne peut pas s'opposer à sa réalisation). « La force du changement est fonction de la puissance de l'engagement à rayonner l'évidence au mieux dans l'existence » (Le changement tient sa puissance partant du bon sens de la part de l'individu à changer au mieux sa vie). « On apprend du temps ce qu'on apprenne dans la vie dans la mesure où le temps c'est la vie » (La vie est instructive pour l'humain). « Il faut bien qu'on ait le temps de se battre pour enfin se battre dans la vie, on ne peut pas ne pas compter le temps et puis compter dans le temps » (On est vivant dans un temps si la vie compte le temps aussi compte). « C'est parce que le changement est mal compris si nous changeons à notre défaveur » (Le changement certain se renforce à travers la manière certaine de l'humain). « Le temps c'est l'intérêt » (L'intérêt se défend et celui qui ne sait pas faire bon usage de son temps n'en tire pas profit). « Quand on a bien compris le temps c'est qu'on est bien compris dans le temps non pas par tous car nous n'apprécions pas la vie de la même manière ; savant ou ignorant dans la vie notre position ne fait pas l'unanimité en terme de perception tout comme référence pour les vivants » (Dans le temps, la nature tout comme l'espace la différence dans la perception de la réalité de la vie est bien réelle entre les vivants que nous sommes). « N'avoir pas le temps et se faire avoir dans le temps c'est ne rien savoir sur le temps » (Dans l'ignorance nous jugeons mal le temps puis nous nous adonnons à ce qui ne nous profite pas du tout). « Le temps c'est le choix, à chaque circonstance de la vie nous nous retrouvons devant l'opportunité d'un choix quelconque imposé ou pas à la personnalité que nous sommes » (Le temps exprime le choix humain dans le temps et l'espace). « Dans le temps dans la nature tout comme dans l'espace seul le bien se conseille bien » (Le conseil positif seul nous profite mieux dans le temps). « Impossible de comprendre le temps sans apprendre de son temps » (La compréhension du temps par l'individu demande de l'apprentissage par ce dernier à travers les différents évènements de la vie). « L'erreur de la vie c'est bien l'erreur du vivant » (Le vivant confirme l'erreur de la vie dans le temps car la vie ne se fait pas elle-même c'est le vivant qui la rythme). « Vivant on est apprenant » (La vie se passe par un apprentissage continu). « Ce qui justifie la vie ne se fuit pas par le vivant » (Le vivant qui se comprend bien ne fuit pas ce qui justifie la vie qu'il incarne). « La nature de la vie se comprend différemment par les vivants à partir de natures différentes des vivants eux-mêmes la vie n'est que différence de la perception des vivants » (La vie n'est pas sans différence dans la perception de visions des vivants).

LA SOCIETE LA POLITIQUE ET LA CULTURE

« On ne se flatte pas parce qu'on a raté » (Le flatteur n'aime pas mettre en avant ses mésaventures). « Même flatté on peut bien rater » (Le louange ne promet forcement pas le succès). « On ne se flatte pas par bonté même si on est calé » (Il est bon d'être modeste). « Ne pas nuire à l'humanité c'est tout ce qu'exige la bonté à la personnalité » (La bonté exige à la personnalité de ne pas nuire à l'humanité). « Au mieux par la bonté on conçoit sa personnalité dans la société » (La bonté est le baromètre efficace pour asseoir la personnalité humaine dans ses différentes dimensions). « Quand on a la chance d'exister on doit tout faire pour créer en soi la conscience d'espérer » (Dans la société la culture proprement dite nous recommande de ne pas abandonner la conscience d'espérer en ayant la chance d'exister). « Je comprends qu'exister est une chance quand on a au moins la chance d'exister » (La chance d'exister nous prouve à suffisance qu'exister est une chance). « Dans la société pour le salut de la personnalité c'est par bonté qu'on combatte la méchanceté » (La méchanceté se combat au prix de la bonté par l'humain). « C'est bien méchant de n'être bien en rien » (La méchanceté s'oppose réellement à l'essor du bien). « La société ne se construit pas sans politique la politique à son tour ne se construit pas à l'encontre de la société, parlant de la société et de la politique pour que l'une profite à l'autre positivement il faut procéder le travail sagement » (La politique constructive seule profite à la société). « Politicien et certain alors en quoi sommes-nous un frein pour l'épanouissement de notre état » (Le politicien certain sait bien qu'il n'est pas un frein pour l'épanouissement de sa vie). « Certain ce qui retient chez l'humain c'est le bien » (Le bien est bien ce qui retient chez l'humain certain). « Quand la politique nous sert c'est que le service est bien politique » (Le service étant bien politique la politique nous sert bien a quelque chose). « La politique du mal est bien la politique qui ne nous sert en rien » (Le mal comme politique nous enfonce au lieu de nous libérer). « Une société épanouie mérite bien une politique équilibrée, acteurs politiques si notre politique est de nous assurer une société équilibrée il nous revient de nous imposer une réflexion justifiée » (La réflexion justifiée nous procure une société équilibrée en terme de justesse). « La politique de la réussite est bien une politique qui se nécessite pour le vivant dans la société même si ce n'est pas facile de concilier la politique de la réussite et la réussite de la politique une politique doit sa grandeur au degré de malheur qu'elle évite aux humains nécessiteux de sa retombée » (La politique dans sa dimension intelligente seulement nous assure l'indépendance existentielle). « La politique est bien publique mais aussi privée en fonction de l'usage que nous faisions de notre plan de gestion de la vie interne et externe » (La politique comme étant une méthodologie déterminée et déterminante de la gestion de la société de l'humain est fonction de l'orientation idéologique que ce dernier fasse de sa présence dans sa vie). « La politique demande au mieux la connaissance de la société en vue d'asseoir la suffisance de la personnalité » (La bonne connaissance de la société par l'individu lui permet d'asseoir la suffisance politique de celle-ci avec la volonté à l'appui). « C'est se mentir de politique que de penser pouvoir utiliser la politique de mentir pour réussir » (La politique du mensonge ne permet pas à l'humain de réussir donc il se ment sur la politique). « C'est bien clé de politiser sa vie afin qu'on ne manque pas de stratégie pour justifier notre existence » (La politique nous permet de prioriser notre existence partant de la stratégie qu'elle dégage dans sa façon d'être). « Le politicien qui travaille au compte de l'essor public saura adapter la politique au besoin d'évolution de son environnement en travaillant à faire en sorte que sa politique concorde avec le principe basique de la protection du droit au développement global de tout un chacun dans un cadre général » (La politique demande toujours l'intelligence de savoir comment s'y prendre face aux défis de l'existence de la part du politicien). « Dans la société souhaitons le bien à tous pour notre bien en somme dans la mesure où il y a l'autre aussi longtemps que nos pensées divergent il suffit de les converger pour chercher l'autre en vain » (Le bien, il nous est utile de le vouloir pour tous pour pouvoir en profiter particulièrement). « Dans la société l'épargne est prévoyance voilà pourquoi c'est bien d'épargner surtout quand on épargne du bien » (L'épargne du bien montre que le bien est important à épargner en terme de prévoyance). « Pour arriver dans la vie n'oublions pas que tout peut arriver dans la vie » (Dans la société il est important de savoir qu'on est exposé à toutes les éventualités étant humain ainsi nous pouvons connaitre un changement négatif ou positif dans sa vie). « Pour bien arriver dans la vie n'oublions pas qu'on ne peut pas arriver partout et en tout, donc il nous faut donc bien choisir sa position pour ne pas faillir dans sa disposition : on ne peut pas partir dans tous les sens et puis partir dans le bon sens » (La vie demande une orientation éclairée de la trajectoire du vivant dans la mesure où on ne peut pas réussir en suivant le mal et le bien à la fois donc soyons objectifs). « Quand l'ignorant arrive à exister il n'existe pas pour arriver » (L'ignorant n'existe pas pour réussir). « C'est parce que ce qu'il y a de mieux pour l'existence n'est pas ce qui nous est conseillé par l'ignorance alors en quoi l'ignorance est-elle sérieuse comme référence ? » (L'ignorance s'oppose au sérieux dans la manière d'être). « Le départ compte peu souvent cependant on ne peut pas réussir son arrivée sans pour autant arriver à réussir dans l'existence » (Dans la vie pour l'individu arriver à réussir demande justement de ne pas faillir dans sa planification, d'emprunter le bon chemin aussi difficile soit-il). « Dans la société ce qui nous empêche de travailler c'est ce qui nous empêche de se libérer en rien travailler ne constitue un fléau pour la liberté de la personnalité » (Le travail est toujours fait dans le cadre du renforcement de la dignité humaine). « Dans le monde de la culture par manque d'inspiration celui qui me vole mes idées sans pour autant voler ma tête n'a rien fait pour me mettre en retard si l'idée vient de la tête et que nous gardions bien notre tête on a tout pour s'épanouir dans la meilleure des façons : ainsi tâchons à devenir des têtes remarquables parmi les têtes remarquées » (Voler l'idée des uns et des autres ne nous fait pas savant mais plutôt il faut s'impliquer pour s'inventer soi-même). « Après l'engagement pour une cause vient le changement d'une chose » (Le changement arrive dans la vie de l'individu après son engagement pour une cause). « Tout peut changer selon la volonté de Dieu tant que le changement ne changera pas du tout » (Le changement nous le connaissons selon la volonté de Dieu tant que le changement ne changera pas du tout).

LA REUSSITE ET L'ECHEC

« Connaitre l'échec c'est aussi connaitre la vie dans la mesure où dans l'existence tout n'est pas que réussite même si la réussite est une option en tout cela dit l'échec ne doit nullement pas décourager le vivant engagé à s'appliquer davantage pour produire la réussite » (La réussite humaine sur laquelle nous comptons demande de compter sur l'échec dans la vie en terme de possibilité tout en travaillant pour le changer en réussite). « Dans la vie une des règles d'or pour le vivant est de compter sur l'échec sans pour autant compter avec l'échec » (L'individu intelligent doit compter sur l'échec sans pour autant s'attendre à la complicité directe de l'échec pour réussir sa vie). « Combler son existence c'est conforter sa réussite n'importe la suite à donner à notre exercice il faut bien s'appliquer pour ne pas se compliquer la vie » (L'individu doit bien s'appliquer pour ne pas se compliquer la vie). « C'est mal comprendre la réussite que de ne pas réussir dans sa compréhension, quand on est engagé à réussir sa vie on ne doit pas ignorer la nécessité de construire son avis ce qui nous sert d'appui à vie une fois objectif » (La compréhension en somme la connaissance dans sa globalité compte pour promouvoir la réussite humaine). « Le combat contre l'échec ne se gagne pas dans l'ignorance du combat comment mener une guerre que nous ignorions il faut d'abord bien s'instruire sur la guerre pour promouvoir la réussite). « La réussite qui ne se profite pas ne se nécessite pas du tout, mal pensée la réussite entrave l'avancée » (La réussite mal pensée s'oppose à l'essor de l'humain). « Compter sur la réussite c'est accepter d'avoir à faire à l'échec, on ne peut pas promouvoir la réussite sans pour autant affronter l'échec » (Il est nécessaire d'affronter l'échec pour construire la réussite). « L'intérêt de réussir ne demande pas de réussir contre l'intérêt, celui qui a intérêt à réussir n'ignore pas la réussite de l'intérêt » (La réussite de l'intérêt détermine l'intérêt de réussir en toute lucidité). « Le combat pour l'intérêt est bien un combat pour la vie, celui qui ne sait pas bien s'engager pour son intérêt n'honore pas son existence comme il le faut, s'il faut s'aviser à être éclairé par rapport à la visée de la réussite et puis s'engager pour prospérer » (L'individu doit bien combattre pour honorer son existence dans la vie en réussissant). « Dans la vie la vraie preuve d'amour s'illustre toujours face à l'épreuve du désamour » (L'épreuve du désamour démontre la nécessité de la vraie preuve d'amour). « On arrive en réalité quand on arrive jusqu'à la réalité » (Celui qui arrive jusqu'à la réalité arrive en réalité). « Salutaire on ne s'engage pas contre ce qui est clair, salutaire on se retient bien d'être pécheur » (L'individu salutaire se retient d'être pécheur dans l'existence). « Salutaire on est bien en guerre contre l'erreur » (L'individu salutaire s'oppose à la manière de l'erreur). « Dans le caractère on ne se veut pas salutaire pour se retrouver par terre » (L'individu salutaire ne se retrouve pas par terre par le bon comportement). « La vérité c'est comme la mort on ne la fuit pas pour l'échapper qu'elle nous arrive en réussite ou en échec » (La vérité est incontestable qu'elle nous arrive en réussite ou en échec). « Face à l'échec la réussite se nécessite car utile c'est juste qu'elle se réalise » (La réussite est l'expression de la justesse qualitative). « Pour réussir on ne peut pas comprendre la vie sans au préalable comprendre sa vie » (La compréhension de la vie humaine est bien nécessaire pour que nous la réussissions). « Se plaire à ne rien faire c'est bien s'éloigner de la réussite, il faut bien faire quelque chose pour s'entendre à quelque chose » (L'individu doit bien faire quelque chose pour s'attendre à un résultat profitable). « Qu'est-ce qui nous réussit de plus qu'être précis » (La réussite demande d'être précis de manière pour s'épanouir). « Dans la vie c'est bien nécessaire de se battre pour réussir et non pas de combattre ce qui génère la réussite » (Il est utile de se battre pour réussir et non pas de combattre la source de la réussite). « Juste dépêche pour réussir » (La justesse dépêche pour réussir). « Dans la vie pour réussir quand on est clair d'adversaire c'est qu'on n'a pas clair comme adversaire » (La meilleure manière de promouvoir la réussite c'est être clair d'adversaire et ne pas s'opposer à l'épanouissement de la clarté). « Pour réussir afin de ne pas se retrouver par terre ne te laisse pas faire si nécessaire » (La réussite recommande bien la capacité de défense et de protection de l'humain). « C'est bien une perte de temps d'ignorer ce qui constitue une perte de temps » (Nous échouons en ignorant ce qui nous mène à l'échec). « Afin de réussir s'éclairer est bien une grande chose pour faire prospérer sa cause » (Il est utile qu'on s'instruise pour pouvoir s'épanouir dans la vie). « En vue de la couronner de succès pour être clé dans la vie il faut-être sérieux dans son avis » (Le sérieux dans l'avis permet à l'humain d'être clé dans la vie). « S'entendre autour de la bonne cause est bien une bonne chose » (Quand nous nous entendons autour de la bonne cause c'est un plus pour notre essor). « Quand on a une tête mieux quand on ait sa tête et qu'on persévère c'est qu'on a bien raison de persévérer : une fois bien éclairé persévérer ne fait que dépêcher » (La persévérance dépêche l'individu bien éclairé). « Dans la vie on ne peut pas tout avoir en tout et puis savoir ce que signifie la vie en tout car c'est dans la folie qu'on arrive à tout avoir en tout ignorant, ne sachant pas distinguer le bien du mal » (L'individu est limité dans sa réussite c'est cela son côté imparfait). « Pour réussir quand la vérité est comprise c'est que la compréhension est réussie » (La compréhension réussie demande la clarté la concernant). « Pour ne pas échouer sachons bien qu'on ne peut pas comprendre la logique sans pour autant être logique dans sa compréhension » (La logique dans la compréhension nous permet bien de ne pas échouer dans son orientation). « Dès fois il n'est pas trop tard pour corriger sa tare » (La réussite demande la possibilité de corriger ses erreurs également). « Certes le retard existe en réalité cependant la réalité n'est jamais en retard ni ne met en retard » (La réalité ne met pas en retard même si la retard existe en réalité). « Pour réussir dans la vie là où la vérité retarde c'est que le retard dépêche, c'est évidemment mal pensé la vérité que de penser qu'elle constitue une entrave à l'avancée » (La vérité ne constitue pas une entrave à l'avancée). « Pour réussir même mal pensée la vérité n'entrave pas l'avancée, étant bien pensée restant la même elle favorise l'épanouissement par le raisonnement qu'elle renferme dans la vie » (Le rôle de la vérité nous le voyons bien à travers son impact sur la consolidation de la vie humaine). « Mieux vaut avoir mal à réussir que de réussir mal : comment gagner face à l'échec quand on est gagné par le sentiment d'échec » (Il est important de se sacrifier pour réussir en s'éloignant du sentiment d'échec qui piétine psychologiquement notre émancipation).

CHAPITRE II

TITRE DE NEAU II

LA COMPREHENSION ET L'INCOMPREHENSION

« C'est juste une question de compréhension ce qui nous engage dans la vie nous engage à vis une fois la cause nécessaire » (La bonne cause doit-être défendue à vie par le vivant). « Mieux vaut avoir mal à penser que de penser mal, mieux vaut avoir mal à réfléchir que de réfléchir mal » (Il est intéressant de se sacrifier pour sa cause plutôt positivement que dans la facilité ne pas être d'utilité pour celle-ci). « Quand on comprend bien la vie ainsi on ne se facilite pas dans la vie la cause qui nous facilite la vie au juste tout d'utile est difficile! » (La vie nous prouve cela la difficulté accompagne la réalisation de nos rêves). « Même mal pensée la vérité a bien pensé voilà pourquoi elle est juste sensée » (La vérité est bien équilibrée de sens tenant à son rôle focal malgré les préjugés la concernant). « N'être bon en rien en quoi sommes-nous humains, c'est mal honoré l'humanité que de n'être pas d'utilité dans sa personnalité » (Nous honorons mal notre humanité en n'étant pas d'utilité dans sa personnalité). « Ne pas manquer de compréhension c'est bien marquer sa considération » (Selon la circonstance c'est aussi une manière d'attachement pour l'humain de savoir comprendre les situations surtout difficiles). « Se résoudre dans la vie c'est s'investir pleinement pour sa communication en vue d'honorer sa compréhension » (La compréhension détermine de long en large la portée de la vie humaine). « Il ne nous faut pas mille têtes pour comprendre mille choses différentes ni mille pensées pour résoudre mille problèmes différents mais juste : avoir une tête mieux avoir sa tête et bien savoir comment s'en servir » (La compréhension se consolide à travers la précision dans le jugement). « Dans la différence de compréhension il n'est pas étonnant qu'il ait une différence d'intention » (La compréhension détermine l'intention sous un certain angle). « Sans conteste l'instruction est le socle de la compréhension sauf mystère comment peut-on comprendre sans apprendre » (L'apprentissage conditionne la compréhension). « N'avoir la compréhension de rien c'est bien prendre la compréhension comme rien, dans la mesure où la compréhension signifie quelque chose dans la vie nous devons bien s'impliquer pour comprendre la vie » (La compréhension appuie la vie le vivant est tenu à travailler pour bien comprendre en vue de valoriser son existence). « La confiance à l'existence ne va pas à l'encontre de sa connaissance ainsi nous comprenons à quel point la compréhension n'est pas rien pour celui qui compte bien réussir sa vie » (La compréhension compte bien pour celui qui compte bien s'épanouir dans la vie). « Il arrive dès fois qu'on ne comprenne pas sa vie sans pour autant ne pas comprendre la vie dans la mesure où l'humain est sujet à l'erreur dans la vie face aux circonstances différentes évolutives souvent contradictoires de la vie il est appelé à connaitre à comprendre ainsi qu'à adapter et à réadapter sa compréhension à la réalité apprise dans le temps et l'espace » (La compréhension est bien évolutive dans le temps selon la cadence de la connaissance de l'individu). « La connaissance de la compréhension nous illustre bien sur la compréhension de la connaissance dans l'existence » (La compréhension de la connaissance dans l'existence passe par la connaissance de la compréhension ainsi que son utilité). « Comprendre le mal ce n'est pas pour le prendre, l'apprendre pour l'entreprendre toutefois si l'on se comprend » (L'humain intelligent distingue le mal du bien non pas pour adopter le mal). « Après avoir bien compris le mal nous comprenons à quel point le mal ne nous ait pas bien utile » (L'ignorance bien comprise nous permet de savoir sa faille). « Souvent surpris par son ampleur on a mal à comprendre le mal, il peut même engendrer des larmes dans la mesure où le mal est erreur en quoi et pourquoi devons-nous l'entretenir pour se faire retenir au lieu de tenir pour réussir ? » (Le mal n'aide nullement pas une fois après l'avoir compris nous devons savoir mieux nous orienter à son encontre). « L'intelligence renforce la compréhension concordant avec la connaissance elle est bien l'assisse du bénéfice pour l'humain » (L'intelligence est bien utile pour le renforcement de la compréhension humaine dans le temps et l'espace). « Comprendre que nous sommes est déjà nécessaire pour défendre chèrement son être : soyons conscients d'abord de notre être pour ne pas vivre piètre » (L'individu qui se défend bien dans la vie n'ignore pas son existence en somme). « Bien comprendre la vie c'est bien vivre sa compréhension » (La bonne compréhension de la vie fait que nous vivions bien notre compréhension). « Quand la vérité est bien comprise, la compréhension est précise, il est nécessaire d'être clair de compréhension pour vivre meilleur dans son orientation » (L'individu éclairé se limite à la connaissance dans la compréhension pour ne pas être limité dans sa compréhension). « La meilleure manière de réussir sa vie demande également en plus de la compréhension du bien, d'être bon dans sa considération, soignez son comportement c'est bien réussir son engagement partant d'un raisonnement bien pensé » (La réussite dans la compréhension, mieux le changement de la personnalité au mieux dans le bon sens nous permet de s'épanouir avec lucidité). « Si notre volonté est le triomphe du bien quand on se comprend bien plus on se supporte bien » (La bonne compréhension entre les individus de même volonté sème la cohésion). « La compréhension ne sert à rien là où elle n'est pas certaine du tout dans la mesure où elle n'est autre qu'une incompréhension déguisée lorsqu'elle s'éloigne de la précision la compréhension n'est autre que l'incompréhension » (La compréhension n'a d'égale que l'incompréhension une fois ratée). « La compréhension nous profite bien, partout où l'on ne pense pas la précision comme rien » (La précision dans la compréhension est la valeur utile nécessaire à notre développement). « Le combat du développement est bien un engagement pour la compréhension car que développer sans comprendre aucunement, n'ignorant pas que le hasard nous mette en retard, pour la progression la précision est bien la condition sine qua non » (La condition sine qua non du développement passe par la précision dans la vie). « La vraie preuve de la compréhension résiste bien à l'épreuve de l'incompréhension » (La compréhension résiste à l'incompréhension bien pensée). « La compréhension n'est pas sans importance raison laquelle il est important de comprendre pour bien entreprendre !s » (La compréhension est bien nécessaire pour le développement humain). « C'est clé de comprendre pour ne pas vivre égaré, celui qui néglige la compréhension, néglige sa personnalité avec car dans l'ignorance nous n'œuvrons pas pour une réussite certaine de notre vie » (La compréhension se nécessite contre le mal de l'incompréhension qui nuit à l'équilibre de la vie).

LE MENSONGE ET LA VERITE

« Ne pas croire à la réalité c'est tôt ou tard se faire décevoir par sa réalité à moins qu'on ne s'avise » (Celui qui ne croit pas à la vérité et ne change pas à temps se fera décevoir dans sa trajectoire par le mensonge). « Celui qui tient au mensonge tient par mensonge, mentir et ne pas ignorer qu'on mente c'est bien s'épargner de la difficulté, c'est bien difficile d'avoir la conscience tranquille en soutenant la cause injuste » (La défense de la cause injuste du mensonge ne profite pas à l'humain véridique). « Avoir la vérité comme cause c'est bien savoir la cause qu'on défende une fois bien éclairé sur le sens du bon sens celui qui ne voit pas d'erreur en la vérité ne fait pas d'erreur sur sa personnalité » (La réussite dans la façon d'être demande de savoir quelle philosophie défendre dans la vie, la vérité assainie notre personnalité). « La bonne qualité passe bien par l'appropriation de la vérité par la personnalité » (L'individu qui s'approprie la vérité dans la vie épargne la bonne qualité en tant que vivant). « Quand on est vivant en réalité arrangeons nous à ne pas être vivant contre la réalité ce que nécessite la personnalité c'est être juste de manière » (La justesse dans la manière est bien ce que nécessite la personnalité dans la vie). « La vérité n'est pas sans effort raison pour laquelle elle rend fort et cela à l'encontre de tout tort » (La vérité aide l'humain à s'épanouir contre le tort de toutes les sortes). « Le mensonge n'est pas vrai raison pour laquelle la vérité ne nous ment pas ce qui nous met dans l'impasse nous humains imparfaits dans la plupart des cas c'est vouloir changer la vérité et non pas changer de vérité une fois bien éclairé dans l'existence » (L'individu bien éclairé n'ignore pas l'importance de la connaissance dans l'existence ce qui se reflète dans la vérité). « La connaissance de la réalité est bien une connaissance qui se certifie avec réalité, la confirmation de la connaissance passe par la supervision de la vérité cela dit erreur est de penser pouvoir opposer la connaissance et la vérité en terme d'existence » (La connaissance et la vérité existent et cela dit la vérité nous situe sur la connaissance, pareillement la connaissance nous montre la vérité). « C'est ne rien comprendre de la vérité que de penser que la vérité ne comprenne rien, celui qui ne se comprend pas bien en réalité ne comprend pas bien la réalité sans que la vérité n'ignore quoi que ce soit » (La vérité a bien connaissance de la réalité on peut ne pas le savoir une fois induit dans l'erreur). « C'est bien qu'on utilise la vérité cependant ce n'est pas mal de faire quelque chose pour profiter bien de la vérité » (L'individu qui souhaite profiter bien de la vérité doit s'obliger le travail en réalité en vue de renforcer son attente sur la vérité). « Comment peut-on attendre en réalité sans attendre la réalité c'est bien ignorer sa personnalité que de penser pouvoir attendre en réalité sans attendre la réalité » (La réalité se manifeste bien à travers notre attente sur la réalité). « Quand le mensonge fait espérer c'est pour après faire déchanter » (On n'espère pas sur la vérité pour promouvoir son bien). « Tout est aide chez la vérité raison pour laquelle la vérité est l'aide de la plus grande nécessité » (La vérité aide en réalité). « S'aider en vérité ce n'est pas s'aider contre la vérité » (L'individu qui s'aide bien ne s'aide pas contre le bien). « Ce qui profite bien se nécessite bien, c'est la vérité » (La chose qui se profite bien se nécessite bien). « Celui qui s'honore en réalité s'honore avec la réalité » (La vérité nous honore là où l'on s'honore en réalité). « Dans la réalité il n'y a pas de banalité, raison pour laquelle elle permet de lutter pour bien se dépêcher » (La réalité nous permet de bien lutter pour se dépêcher). « Plus pressé que la réalité on se porte mal » (La réalité est la meilleure des cadences par laquelle il faut s'assumer dans l'existence). « S'imposer la vérité permet de bien s'imposer en réalité celui qui souhaite exceller dans la vie ne peut pas ne pas s'imposer la réalité du travail nécessaire à la réalisation de son rêve dans la mesure où si nous ne réussissons pas pour rien il faut s'investir bien pour s'épanouir » (Le bon investissement est bien l'effort requis pour réussir de la part de l'individu). « On est bien arrivé partout où l'on arrive à contenir le mensonge car celui qui parvient à s'aboutir sans concours de farce aucune gagne bien en force » (L'individu qui s'assume sans illusion aucune arrive à bien s'épanouir dans son orientation). « Réussir contre le mensonge c'est réfléchir dans le sens de la vérité » (La réflexion dans le sens de la vérité sert bien à contenir le mensonge). « La vérité est décence dans la référence de la personnalité » (La vérité est bien d'importance dans l'existence). « Croire à la vérité c'est bien comprendre le mensonge, pour qu'on puisse le craindre faudrait-il savoir de quoi s'agit-il parlant du mensonge à la différence de la vérité » (L'individu qui arrive à bien connaitre la vérité situe sa différence avec l'erreur). « C'est bien véridique que nous connaissions le bien de la vérité, le menteur conscient n'ignore pas que la vérité est bénéfique » (Le bénéfice qu'on en tire de la vérité ne se cache pas même menteur cela est une réalité). « La vérité est qu'on ne voit pas la vérité de la même manière nous humains limités » (Les individus limités que nous sommes regardons différemment la vérité). « Dépendre de la vérité c'est bien se défendre en réalité, seule la dépendance à l'évidence rassure l'indépendance » (La dépendance à l'évidence assure bien l'évidence dans l'existence). « On n'apprend pas à la vérité mais bien on apprend avec » (Nous apprenons avec la vérité et non pas à l'encontre). « N'importe qu'on pense mal la vérité, la vérité ne se pense pas mal car elle est bien réussie » (La vérité est bien réussie même si nous ne la connaissons pas). « Apprendre de la vérité c'est se comprendre en vérité, pour honorer sa personnalité on doit bien apprendre de la vérité pour réussir contre le mensonge, à l'instar de la vie la vérité ne cesse pas d'enseigner » (La vérité enseigne à jamais celui qui la comprend pour s'instruire avec). « On est soutenu par la vérité quand on soutient la vérité, pour bien tirer profit de la vérité n'ignorons pas le profit de la vérité » (Le profit de la vérité explique le fait de savoir bien tirer profit de la vérité). « Bien communiquer la vérité c'est bien simplifier par nécessité » (La communication de la vérité sert à bien simplifier la vie à l'humain). « Abandonner la vérité c'est ne pas profiter à sa personnalité de ce fait quand nous nous sommes chers c'est que la vérité nous est chère on ne peut pas bien prendre soin de sa vie et ne pas s'accomplir à partir de la vérité » (L'individu qui tient en sa vie s'accomplit pour la vérité). « On n'aide pas la vérité plutôt on s'aide avec » (La vérité est bien accomplie cela dit elle nous aide quand on la choisit et n'a pas besoin de notre aide).

« Le mensonge n'arrange en rien celui qui ne souhaite pas vivre dérangé : ce que le mensonge construit sera détruit par la vérité » (La vérité est bien un frein à l'essor du mensonge). « Si ce n'est pas bon de mentir en quoi le bon est-il menteur ? » (La bonté s'éloigne des vices de caractères dont le mensonge en est grandement illustratif). « Vivre menteur c'est bien vivre par terre » (Le menteur s'abaisse par son action). « Ce n'est pas parce qu'il n'a pas de cœur que le menteur se retrouve par terre mais plutôt c'est parce qu'il suit l'erreur par cœur » (Le menteur invétéré suit l'erreur par cœur). « C'est bien d'avoir un cœur c'est mieux de savoir dans son cœur pour mieux contenir l'erreur comme manière » (L'individu éclairé s'engage contre l'erreur comme manière ce qui forge sa grandeur dans la vie en toute modestie). « Sincère ce n'est pas nécessaire d'être menteur alors à l'être de s'aviser » (Le mensonge à défaut de nuire ne fait pas jouir positivement). « La vérité est induite de piété raison pour laquelle elle n'est pas en empiétée » (La vérité ne s'empiète pas étant induite de piété). « La vérité se nécessité à jamais pour la personnalité » (L'humain exprime la nécessite de la vérité à vie). « Mieux pour le vivant est d'être évident dans son combat plutôt que de combattre l'évidence » (L'individu intelligent combat avec évidence étant évident dans sa démarche). « La vérité suffit quand on se soucie bien dans la mesure où l'on se soucie pour le bien étant bien précis » (La vérité renforce l'humain de façon certaine de long en large par rapport au mensonge). « Ce qui se pose à l'encontre du mensonge s'oppose à l'essor du mal, nous ne combattons pas le mensonge sans pour autant combattre le mal avec » (Le mal et le mensonge se combattent pareillement). « Le mensonge n'aide pas à réussir raison pour laquelle menteur on s'aide à tomber plutôt qu'à monter » (Le mensonge est toujours en défaveur du menteur). « Se fier au mensonge c'est bien ignorer à quoi se fier, c'est se fier à rien et cela pour rien, c'est bien vain de penser pouvoir prospérer sans savoir aucunement » (Le savoir de la vérité dans le comportement est le soubassement du développement durable pour l'humain). « Ce n'est nullement pas le bien de l'humain de ne pas comprendre ce que c'est que le bien » (La connaissance du bien est bien utile en terme de compréhension pour l'humain). « La compréhension n'exclut pas la tentation mais plutôt recommande la précision » (La précision est l'assise sur laquelle se bat une compréhension utile). « Comprendre ne pas comprendre c'est bien comprendre quelque chose quand même » (La connaissance nous permet de se situer par rapport à son ignorance). « Contribuer à la compréhension c'est bien comprendre sa contribution au juste en tout et pour tout il n'y a pas de compréhension sans instruction ; comprendre ne nécessite seulement pas d'avoir une tête mais mieux savoir que faire de sa tête pour s'en sortir en fait » (L'intelligence renvoie à la bonne compréhension de la part de l'individu pour qu'il puisse bien se retrouver). « Quand la compréhension nous sert la concentration nous conforte, il n'y a pas de compréhension utile sans concentration subtile » (La compréhension utile passe par la concentration subtile). « On a bien intérêt à ne pas s'opposer au bien comme intérêt en vue de booster sa compréhension en toute précision » (La compréhension profite comme intérêt partout où elle est claire dans sa manière). « Méprendre est une manière pour comprendre cependant elle n'est pas la manière de comprendre » (La manière de comprendre n'est pas méprendre mais plutôt bien entreprendre pour s'épanouir). « La connaissance de la compréhension est bien une solution pour l'orientation dans la vie, ce sans quoi la compréhension n'a pas d'intérêt c'est la précision » (La précision est la voie sans laquelle la compréhension désole plutôt qu'elle n'épaule). « Pour construire une vie il faut au préalable prendre le temps de la comprendre d'abord par contre pour la détruire on ne se donne pas la peine de la cerner nous voyons à quel point la nullité compte sur la facilité pour détruire à travers l'incompréhension » (L'incompréhension fait en sorte que la facilité permette beaucoup plus de détruire que de construire). « Ce qui se construit sans la compréhension se détruit par l'incompréhension » (L'incompréhension détruit ce qui se construit injustement). « La compréhension du temps est bien une compréhension à temps » (La compréhension du temps manifeste bien une compréhension qui évolue avec le temps).

LA CONFIANCE ET LA MEFIANCE

« Quand il ne nous manque pas la confiance de vivre, bien perdre dans la vie sans pour autant perdre sa vie ne veut forcement pas dire perdre à vie » (La perte dans la vie et la non perte de la vie ne veut forcément pas dire perdre à jamais avec confiance). « Comment peut-on ne pas perdre sa confiance quand on a confiance à la perte » (La confiance à la perte fait en sorte que nous perdions la confiance). « La confiance est bien nécessaire partout où le choix n'est pas clair histoire de bien s'éclairer de repère » (La confiance nous permet de bien s'éclairer de repère en vue de réussir dans la vie). « La confiance qui se nourrit à l'encontre du bien conduit sûrement à l'essor du mal, nous ne faisons pas confiance au non-sens pour bien promouvoir la suffisance : la confiance d'accord mais le bon sens d'abord » (Le bon sens est bien recherché pour promouvoir la confiance). « Nous ne saurons nullement pas connaitre la confiance sans pour autant avoir confiance à la connaissance, ce qui nourrit la confiance c'est la connaissance en toute évidence » (La connaissance en réalité est un support utile pour promouvoir le niveau de la confiance humaine). « La confiance ne demande nullement pas de voir tout en faux mais plutôt comme il faut nous permettant par le biais de la connaissance de faire la différence entre le bon sens et le non-sens » (La confiance demande de ne pas ignorer l'évidence pour la renforcer). « La confiance ne se conçoit pas par la force du non-sens mais plutôt contre la farce de l'ignorance » (La connaissance sincère se conçoit contre la force de l'ignorance dans l'existence). « On a bien connaissance de la confiance si on n'a pas confiance au non-sens » (La confiance de la connaissance est bien élémentaire pour bien se parfaire dans l'existence). « La confiance à la vie promet une confiance pour le vivant, nous soutenons notre vie par le degré de confiance que nous l'accordions avec bon sens » (La confiance nous la soutenons bien avec suffisance si nous l'opérons avec lucidité). « Avoir confiance dans la vie c'est vivre bien sa confiance dans la mesure où il nous importe de bien se comporter pour s'épanouir dans sa manière » (La confiance nous permet juste de s'instruire avec efficacité dans la vie). « La méfiance au bon sens engendre la confiance au non-sens ce qui n'est pas sans insuffisance pour l'existence » (La méfiance n'aide en rien si nous ne la concevons pas comme il le faut). « On peut se méfier dans la vie, se méfier à vie sans pour autant se méfier de ce qui est précis c'est cela qui nous aide à réussir » (La méfiance certaine nous ne l'accordons pas au bon sens mais plutôt au non-sens pour qu'elle nous soit utile). « On ne se méfie pas du sérieux quand on est sérieux dans la méfiance » (Le sérieux dans la méfiance ne se méfie pas du sérieux). « C'est bien sérieux qu'on se méfie en étant précieux » (La précision élève le degré de la méfiance humaine s'il le fait par sérieux il en tire profit). « La méfiance en réalité n'est pas la méfiance à la réalité pour que la méfiance nous serve avec utilité : soyons mature quand on se méfie ne nous fions pas à ce qui ne rend pas mature » (La méfiance qui ne rend pas mature ne peut que nuire à l'humain). « On ne peut pas connaitre l'existence sans pour autant connaitre la méfiance et la confiance » (La confiance et la méfiance rythment la vie). « La confiance ne se pense pas comme on la pense dans la mesure où la confiance nous déchante, la méfiance mal pensée n'aide nullement pas à gérer la confiance au juste » (La confiance certaine ne se fait pas pour nous déchanter mais plutôt pour nous renforcer dans l'existence). « Comprendre la vie c'est bien apprendre de la méfiance » (L'individu qui apprend de la méfiance comprend bien la vie). « La vérité de la confiance tout comme la nécessité de la méfiance contribuent à la réussite de la personnalité s'il ne se trompe pas de qualité dans la vie, utile est la méfiance et la confiance pour qu'elles nous servent avec évidence » (La méfiance et la confiance se doivent-être utiles pour nous rendre service). « Promouvoir la confiance c'est bien concevoir la puissance, on s'aide pour bien arriver à destination » (L'individu intelligent s'aide en vue de réussir sa démarche). « La confiance est bien nécessaire dans la vie dans la mesure où la nécessité n'est pas sans confiance pour l'espérance » (La confiance est bien nécessaire dans la vie dans la mesure où elle la soutient). « On n'apprend pas dans la vie sans pour autant avoir confiance à la connaissance ce qui détermine le fait qu'il est nécessaire de savoir se fier et se méfier pour vivre sérieux dans la vie » (Le sérieux dans la vie demande de centraliser le rôle de la connaissance dans l'existence). « La vie n'est pas sans méfiance même si la vie n'est pas que méfiance » (La vie ne se limite pas à la méfiance nous devons nous méfier positivement dans la vie de ce fait également). « On ne perd pas avec la méfiance ce qu'on ne gagne pas avec une confiance mal pensée car elle ne peut que nous induire dans l'erreur ainsi que nous affaiblir dans la manière » (La confiance mal pensée ne profite pas comparée à la méfiance bien pensée). « Même si on a mal à se méfier on doit se méfier du mal pour s'épanouir dans la vie » (L'épanouissement dans la vie recommande de bien s'instruire à vie en vue de savoir comment et pourquoi se méfier et fier dans la vie). « Celui qui se méfie de la vérité ne se méfie pas par nécessité » (La vérité se nécessite pour bien se méfier dans la vie). « La méfiance du bien atteste bien le mal de la méfiance, quand on est bien dans sa méfiance on ne se méfie pas du bien » (L'individu qui se méfie du bien n'est pas bien dans sa méfiance). « L'important est d'être conscient pour bien profiter de la confiance tout comme de la méfiance » (La raison nous permet de se faire utile dans son choix). « Le bon choix est le choix à faire, à se fier plutôt qu'à se méfier pour bien s'épanouir à vie ! » (L'épanouissement humain durable demande bien de n'avoir autre choix que le choix de la vérité). « On ne doit pas se fier à ce qui ne peut pas se justifier quand on tient à bien s'assumer » (L'individu arrive à bien s'assumer en sachant à quoi faire ou ne pas faire confiance dans l'existence). « On ne peut pas progresser sans pour autant choisir ce à quoi l'on se fie tout en s'éloignant ce à quoi on se méfie cela dit la confiance tout comme la méfiance s'accomplissent dans la vie puis s'éternisent à vie aussi longtemps que le vivant n'aura pas le choix de ne pas faire un choix pour exister ainsi dans son choix il sera obligé de se fier ou de se méfier » (La confiance et la méfiance rythment obligatoirement la vie de l'humain limité). « Ce n'est pas se fier à la réalité que de se justifier contre la réalité d'une part » (La justification de l'individu contre la réalité démontre à quel point il ne se fie pas à la vérité). « C'est bien vrai que vivant on ne doive pas se fier à tout à moins qu'on ne soit pas fou en tout » (L'individu intelligent ne fait pas confiance à tout).

LE BONHEUR ET LE MALHEUR

« Gagner du bonheur c'est bien gagner en honneur pour celui qui mesure bien l'importance de la moralité pour la personnalité » (L'individu qui tient bien à sa moralité s'active pour gagner du bonheur en restant lucide dans sa démarche). « Le bonheur est bien meilleur, raison pour laquelle elle s'oppose à l'erreur ne s'octroyant pas honneur certain » (Le bonheur concorde avec la raison dans la manière). « Erreur n'est pas d'avoir le bonheur mais plutôt de se faire avoir pour le bonheur ; le bonheur mal pensé n'a d'égal que le malheur » (Le bonheur mal pensé n'a d'égal que l'erreur). « Bien de bonheur n'a pas mal comme manière : clair est la manière du bonheur » (Le bonheur est bien clair de manière). « Connaitre le bonheur c'est combattre le malheur ! Malheur est de ne pas combattre l'erreur et de prétendre au bonheur » (L'opposition à l'erreur nous permet bien de ne pas décevoir sa personnalité par rapport à l'acquisition du bonheur). « On s'éloigne du bonheur au fur à mesure qu'on s'enfonce dans l'erreur : on ne s'attache pas à l'erreur pour se libérer mais plutôt pour s'enchainer cela dit à servir ou pas l'erreur, l'erreur ne nous sert pas » (L'erreur n'est pas la voie indiquée pour promouvoir le bonheur certain). « Si c'est mieux d'atteindre le bonheur ce n'est pas utile d'être un frein à l'accession au bonheur quiconque veut du gain se fait certain : on attendra un bonheur qui ne se réalisera jamais aussi longtemps qu'on sera toujours un problème pour la solution du bonheur à se réaliser dans notre vie » (Le bonheur est une question de principe, de changement, d'engagement de l'individu à promouvoir ce qu'il y a d'utile en vue d'épanouir sa vie). « On ne compte pas sur le bonheur sans pour autant compter sur sa vie alors comment peut-on ne pas être acteur d'un bonheur qui nous est cher » (Quand le bonheur nous est cher on s'implique bien pour le promouvoir). « Qu'on le veuille ou pas on est acteur de son bonheur dans la mesure où le bonheur ne se fait pas seul ! » (L'individu est pour quelque chose par rapport au bonheur dans sa vie). « C'est parce qu'on peut bien compter sur le bonheur qu'on s'est compté contre le malheur ». (Le bonheur compte bien ainsi on doit s'ouvrir la porte de l'espoir avec). « La bonté est le passage obligé pour accéder au bonheur durable dans la vie » (La bonté permet bien à l'individu d'accéder au bonheur durable dans la vie). « Le bonheur d'être s'associe bien à la manière de connaitre mieux l'on sait mieux l'on s'assume bien l'on élargit son horizon dans la vie » (Le bonheur nous l'obtenons à travers notre façon de connaitre d'une part, l'importance qu'on accorde à la connaissance). « Etre intelligent est l'atout de l'Homme savant » (Le bonheur du savoir est qu'il rende intelligent » (Le savoir rend intelligent, c'est un bonheur d'être savant). « Le savant est bien celui qui met la connaissance en avant et non pas celui qui se met en avant de la connaissance » (La connaissance qui promet notre bonheur est celle rationnelle et non passionnelle). « Bien avec l'atout on arrive jusqu'au bout » (L'atout est bien important pour s'offrir du bonheur dans la vie donc il faut avoir quelque chose à laquelle se fier pour pouvoir prospérer). « Pour faire son bonheur il faut bien qu'on s'assume pour son honneur celui à qui l'honneur importe peu aussi le bonheur compte peu parlant du bonheur durable dans la mesure où le bonheur durable passe par un honneur certain » (L'honneur certain appuie le bonheur durable). « Le bonheur permet d'atteindre la hauteur » (Le bonheur est une assise certaine pour s'épanouir en réalité et non pas contre la réalité). « S'ouvrir au bonheur c'est bien s'épanouir dans sa manière ce qui nous empêche de vivre le bonheur, nous dépêche à ne pas poursuivre le malheur nous ne saurons nullement pas promouvoir le bonheur sans pour autant savoir ce qu'est à la base du malheur » (Le bonheur nous le promouvons partant du combat délivré à l'encontre de ce qui persiste le malheur). « Le bonheur n'est jamais par terre il sait comment stimuler le courage chez l'humain raison pour laquelle elle est bien certaine pour s'épanouir dans un cadre raisonnable » (Le bonheur est la voie idéale pour réussir sa vie). « Malheur n'est jamais de pouvoir contenir le malheur » (L'individu qui contient le malheur ne le fait pas sans bonheur). « Le bonheur est bien la voie appropriée pour circonscrire le malheur dans la vie, on ne peut nullement pas construire le bonheur sans pour autant détruire le malheur une fois qu'on est sûr de s'investir pour réussir » (La connaissance est bien utile pour comprendre la nécessité du bonheur pour combattre le malheur). « Le bonheur dans la vie ne s'exprime pas sans erreur dans l'avis ; celui qui ne se résout pas bien dans la vie se résout mal dans l'avis rien qu'à partir du mal on n'arrive pas à tenir face au mal à plus forte raison de s'assurer le bonheur » (Le bonheur ne s'acquière pas dans l'immaturité). « Comme qualité c'est bien futé qu'on adopte la bonté » (L'intelligence nous la concevons dans la bonté). « Quoi de mieux que la bonté pour magnifier sa personnalité ! » (La bonté est bien nécessaire pour magnifier la personnalité de l'individu). « Ce n'est pas sans bonté qu'on arrive à conforter sa personnalité » (La bonté permet bien à l'humain de conforter sa personnalité). « Force à la bonté farce à la méchanceté » (La bonté n'est pas sans force pour celui qui l'adopte comme qualité). « Seule la bonté permet l'avancée » (L'avancée humaine ne s'acquière pas sans bonté aucune). « Le bonheur ne s'opère pas dans l'erreur dans la mesure où le bonheur s'opère contre l'erreur : en bien tout tient contre l'erreur » (L'erreur est bien combattue par la bonté pour la personnalité). « Face au malheur, erreur est le bonheur » (La clarté est requise pour bien contenir l'erreur). « La vie ne réussit pas à celui qui ne la comprend pas, mal abordé la vie c'est la mener pour ne pas la réussir, si le bonheur est bien profitable c'est parce qu'il n'est pas sans faveur pour le vivant » (Le bonheur renforce la faveur du vivant). « Celui qui n'a rien à faire peut-il s'en faire pour le bonheur ? On n'arrivera jamais à promouvoir le bonheur sans pour autant s'instruire dans la manière » (La promotion du bonheur passe par la promotion de la connaissance). « La question du bonheur n'est pas sans gestion de la manière le bonheur n'est autre que la promotion de la bonne manière celui qui s'attache au développement de la raison dans sa vie renforce sa raison à vivre le bonheur » (Le bonheur nous ne l'obtenons pas sans que nous nous engagions). « Réussir sa vie c'est bien s'instruire pour s'investir à vie le bonheur dans la vie passe par le mérite du vivant » (Le bonheur du vivant passe par le mérite du vivant). « Le bienheureux est bien chanceux raison pour laquelle, la suffisance s'oppose à l'insuffisance dans l'existence » (Le bonheur dans son processus d'acquisition s'oppose au malheur dans sa réalisation). « Le bon sens ne limite rien en mal, raison pour laquelle bienheureux on se fait lumineux : cultivez-vous ; instruisez-vous, apprenez à aller de l'avant bien éclairés bien sûr que vous sourira la crème du bonheur» (Le bonheur durable nous l'obtenons bien en s'instruisant positivement à l'infini).

L'ENGAGEMENT ET LE DESENGAGEMENT

« C'est bien gagné par l'engagement qu'on s'engage pour gagner » (L'engagement est bien question de la volonté de l'engagé). « Réussir à s'engager et puis réussir son engagement cela fait deux » (On peut s'engager pour réussir sans pour autant réussir son engagement). « Dans la vie chaque jour est un engagement ensuite l'engagement qui se profite nécessairement se pense clairement, c'est bien pensé que l'engagement assure l'épanouissement » (La vie s'effectue bien à travers l'engagement du vivant, on ne peut pas ne pas vivre sans pour autant s'engager dans l'existence). « Dans l'engagement le dérangement est une réalité si l'on s'arrange à ne pas se déranger » (Le sacrifice est bien utile pour que l'engagement nous profite). « Compter bien sur l'engagement ce n'est nullement pas s'accomplir mal pour le réussir » (La réussite de l'engagement ne nous appelle pas à compter mal pour l'aboutir). « Sans pour autant être éclairé le fou est engagé, ignorant les dangers il risque fort son engagement, le handicap n'exclut pas l'engagement mais plutôt il impact sur l'épanouissement » (Le handicap impacte bien sur la réussite de l'individu). « Quand l'engagement ne nous ment pas en quoi est-il le moteur du retardement ? Nous tirons bien profit d'un engagement qui se veut précis » (L'engagement précis rapporte certainement). « Bien franc on ne se ment pas raison pour laquelle l'imprécision n'est nullement pas la solution qui se recommande pour s'assurer la progression » (La progression dans la vie nous ne l'obtenons pas sans raison certaine dans l'engagement). « Là où on ne le réfléchit pas bien l'engagement ne nous profite pas bien, l'effort qui n'assure pas le confort est bien produit à tort » (L'effort n'est pas bon partout où on le pense mal ainsi il ne nous assure pas le bonheur durable). « L'engagement est aussi fonction de l'agacement on s'engage bien pour changer ce qu'on trouve mal, n'ignorant pas que les choses ne changent pas d'elles même ainsi oser pour prospérer est mieux recherché par l'individu » (L'engagement renforce bien la capacité de l'individu dans la mesure où nous nous engageons souvent par agacement voulant faire changer coûte que coûte ce qu'on ne trouve pas comme utile en terme de réalité). « Quand c'est bien d'être aimé c'est mieux de s'aimer d'abord, pour s'engager aimez-vous d'abord ainsi vous réussirez fort » (L'individu qui s'aime d'abord s'aide fort). « On ne s'engage pas contre le changement si toutefois on a intérêt à changer, tout engagement n'a intérêt que le changement si toutefois nous ne sommes pas satisfaits de la situation dans laquelle nous sommes » (L'individu s'engage pour changer sa vie et non pas pour rester dans la marge si toutefois il juge nécessaire d'évoluer sa situation). « Eclairé ou mal éclairé à défaut de s'engager dans le danger on s'engage contre le danger » (Il y a deux façons de s'engager, s'engager contre le danger ou s'engager dans le danger en fonction de notre niveau d'instruction et d'orientation dans la vie). « Bien engagé est tout sauf engagé contre le bien » (L'individu qui s'engage bien ne s'engage pas contre le bien). « L'engagement ne pose pas problème à celui qui ne s'engage pas dans des problèmes ainsi s'engager d'accord mais s'éclairer ensuite est la voie normale pour un engagement certain » (L'engagement certain passe nécessairement par une compréhension réfléchie de l'orientation à donner à notre façon de faire). « On n'est pas comblé par un engagement qui s'inspire de l'égarement, c'est bien partant du manquement que l'engagement nous mente » (L'engagement nous ment lorsque nous le pensons négativement). « Ce n'est pas un danger de s'engager mais bien s'engager contre le danger est ce qui peut conforter » (L'engagement conforte bien partout où on ne s'engage pas mal). « A court d'effort l'engagement subit du retardement cela dit celui qui au cours de l'engagement se retrouve sans argument certain pâtit dans sa détermination » (L'engagement limité nous demande de revoir sa stratégie pour arriver à bon port). « Celui qui s'engage sous contrainte, force bien son engagement peut bien s'attendre au manquement qui s'en suit toutefois s'il ne l'approuve pas passionnellement par la suite » (L'engagement avec manquement nous nous attendons à le voir quand on s'engage par force sans amour aucun en tout). «

Face à l'engagement de la force seul résiste la force de l'engagement ! » (La force de l'engagement résiste bien à l'engagement de la force). « Celui qui comprend bien l'engagement ; n'ignore pas le prix de l'attachement sinon comment s'engager pour une cause qu'on désapprouve ! » (L'engagement nous ne le réussissons pas sans pour autant comprendre l'importance de l'attachement à une cause). « En quoi sommes-nous militaires désengagés si on n'est pas militaire pour perdre on est obligé à s'engager pour gagner ses combats dans la grande guerre perpétuelle que la vie nous offre, on ne vit pas sans engagement, on s'engage pour vivre » (L'individu ne vit pas sans engagement, il doit bien s'engager pour vivre surtout militaire). « Seul la vérité se conseille bien pour s'engager et s'épanouir dans l'existence » (La voie de la vérité est celle bien recommandée pour s'enrichir dans la vie). « Celui qui ne pense pas mal la vérité ne l'adopte pas mal pour s'engager en vue de bien s'épanouir dans l'existence avec la volonté de bien faire on sait ce qu'il y a à faire en vue de savoir bien se parfaire dans son attente » (L'accession d'une perfection dans la manière de faire recommande bien à être intelligent dans sa démarche existentielle à s'engager bien). « C'est bien éclairé que le sérieux fasse mouche, le sérieux nous réussit seulement bien éclairé dans l'existence ce qui démontre à quel point seul un engagement certain nous permet de profiter au mieux » (Le sérieux permet bien à l'humain de profiter au mieux de son engagement). « On ne s'engage pas pour réussir partout où l'on s'engage sans réfléchir que faire sans sa tête à part faillir au fait » (La clé de la réussite de l'engagement n'est pas sans éclairage pour l'humain). « C'est bien humain qu'on est certain dans l'engagement là où l'on s'engage sagement, pour qu'il nous profite agréablement l'engagement se doit-être clairement » (L'engagement doit nous profiter clairement quand nous le pensons bien). « La maturité dans l'existence est fonction de l'utilité du vivant » (L'utilité du vivant fait la maturité dans l'engagement). « Dans la mesure où c'est clé de s'engager on ne s'engage pas pour reculer à moins qu'on ne s'occulte le bien » (L'engagement nous profite bien dans la mesure où on le pense sagement). « Dans la démesure où l'engagement n'est pas sans renoncement à l'épanouissement, c'est clé de s'engager là où l'engagement profite bien donc il ne se nécessite pas pour rien » (L'engagement qui profite bien ne se nécessite pas pour rien). « C'est bien nécessaire de se faire clair bien engagé dans la vie » (L'individu engagé se veut clair dans la maturité).

L'EXCELLENCE ET LA MEDIOCRITE

« La médiocrité nuit bien à l'utilité de la personnalité, on n'est pas médiocre à notre profit » (La médiocrité n'a pas d'utilité pour l'essor dans la vie). « L'excellence est la juste importance » (Le juste sens détermine bien l'excellence dans l'existence). « Bien d'excellence n'a rien contre l'évidence » (L'excellence certaine s'appuie bien sur l'évidence). « Vivre heureux c'est vivre éclairé » (L'excellence dans la façon de vivre demande à l'individu de vivre éclairé pour bien profiter de retombées de la vie). « Si l'excellent ne manque pas du talent c'est parce qu'il l'utilise pour se prévenir du manque » (L'excellent ne manque pas de talent sachant bien s'en servir). « Le sage se distingue par son adresse tandis que l'ignorant se démarque par sa maladresse » (Le sage et l'ignorant ne voient pas la vie de la même manière). « Quand l'ignorance parle l'inconscience s'affiche » (L'inconscience s'affiche face à l'ignorance de l'humain). « Quand l'ignorant parle c'est pour ne rien dire » (L'ignorant parle pour ne rien dire). « Quand on n'a rien à dire on dit bien ce qui n'est pas à dire » (La médiocrité reflète la mauvaise maitrise de la communication par l'humain). « Ne pas bien réfléchir pour dire ce qui est à dire c'est bien parler pour ne rien dire » (Toujours la marque de la médiocrité accompagne la parole ratée). « L'excellence c'est bien la différence acquise à partir de la cohérence, plus on s'applique mieux l'on s'assume, excellent nous nous faisons, l'excellence n'est pas le produit du travail d'un jour mais pour tous les jours s'agissant de l'acquérir en vue de s'en servir à jamais » (L'acquisition de l'excellence puis le service de l'humain avec demande une intelligence certaine de la part de l'individu). « Pour soutenir l'excellence combattons vivement l'ignorance, la seule manière d'être utile à l'excellence c'est bien s'accomplir contre l'ignorance » (L'individu qui s'accomplit bien contre l'ignorance se fait utile pour l'excellence). « Autant on est savant qu'en s'inventant pareillement on est excellent qu'en s'inventant » (L'excellent s'invente dans l'excellence pareillement au savant). « L'existence a bien besoin d'excellence pour promouvoir la suffisance humaine, dans la vie quoi de mieux que la connaissance dans l'excellence pour améliorer la condition humaine » (L'existence promet la suffisance humaine à partir de l'excellence qu'elle renferme). « Bien réussir sa vie c'est bien s'investir pour exceller, dans l'excellence tout comme pour l'excellence rien ne s'oppose au bien » (L'excellence certaine est question d'un besoin certain). « Dans l'excellence on assure bien sa défense si on n'est pas excellent pour rien certainement qu'excellent on est indépendant au mieux » (L'excellence s'affiche bien dans l'indépendance). « Dans la mesure où l'excellence n'est pas rien, excellent on se veut certain au mieux, bien pensée l'excellence assure l'indépendance dans l'existence » (L'excellence n'assure qu'indépendance dans l'existence bien pensée en réalité). « Toute la réalité de l'excellence nous dévoile l'excellence de la réalité, la personnalité qui tient à la qualité de l'excellence se doit-être futé de mérite : posons des actes qui concordent avec le bon sens ainsi progressivement nous nous ferons excellent » (L'excellence demande bien un engagement certain de l'humain à la développer). « Celui qui ne se ment pas sur l'excellence n'excelle pas dans le mensonge » (L'individu qui tient bien compte de l'excellence dans sa valeur authentique n'excelle pas dans le mensonge). « Dans l'ignorance de l'excellence s'établit l'excellence de l'ignorance dans la vie » (L'individu à partir de l'ignorance de ce qui rend réellement excellent vit l'excellence de l'ignorance dans la vie). « Se battre dans l'existence c'est bien se battre pour l'excellence dans la mesure du possible » (Dans la vie l'humain s'engage pour l'amélioration de sa condition de vie dans la mesure du possible). « L'excellence traduit la force du rapport face au rapport de la force » (L'excellence détermine l'intelligence dans la pensée). « La pensée excellente humaine passe bien par l'excellence). « Dans l'excellence on comprend bien le sens de l'existence » (Le sens de l'existence est bien comprise dans l'excellence » (L'excellent n'ignore pas le sens de l'existence). « Autant l'espoir du savoir génère la victoire l'excellence de l'évidence génère la suffisance » (L'excellence de l'évidence est une assise pour la suffisance universelle ayant le socle de la connaissance et de l'espoir). « L'excellence réussit à celui qui se bat pour l'évidence et non ne se fait abattre par l'évidence, c'est bien parce qu'elle n'est pas rien que c'est bien d'être excellent » (L'excellence ne nous réussit pas sans travail aucun). « L'excellence est bon sens dans la référence » (La référence certaine fait l'excellence dans l'existence). « Exceller par son sérieux c'est bien la meilleure manière d'exceller » (Celui qui s'appuie sur le sérieux pour exceller profite bien de l'excellence). « Bien plus qu'une question de pensée l'excellence est une condition d'avancée et cela en étant sensé de référence » (L'individu sensé de référence se réserve l'excellence dans la vie). « La connaissance de l'excellence est bien d'importance dans l'existence » (L'excellence n'est pas sans importance dans l'existence humaine). « Moins on cède face à la colère plus on accède à la lumière mieux on s'ouvre la porte du bonheur de vivre » (L'ouverture pour l'individu de la porte du bonheur passe par la lumière dans l'orientation). « L'excellence ne se passe pas de l'intelligence pour briller comme sens » (Dans l'excellence se passe l'intelligence). « Dans l'excellence, la connaissance est référence, l'excellence qui se passe de la connaissance est bien dépassée dans son existence » (L'excellence ne se passe pas sans connaissance aucune). « Que d'importance pour l'évidence ! Que d'importance dans l'excellence » (L'excellence n'est faite que d'importance quand elle s'érige avec bon sens). « L'excellence s'accompagne de la confiance, comment exceller sans pour autant espérer ? La réalité de l'excellence recommande la difficulté de l'espérance, il faut d'abord faire ce qu'il y a à faire pour parfaire sa cause » (L'excellence recommande l'intelligence d'agir comme il le faut). « La médiocrité n'a pas d'utilité pour la personnalité, celui qui tient à la médiocrité ne tient pas dans sa personnalité, mieux nous sommes, justement nous nous faisons puis nous nous réalisons dans l'excellence » (L'individu vivant doit chercher à s'améliorer constamment dans l'existence).

ASSERTIONS MIXEES

« Celui qui limite tout le choix au sien, se retrouve limité dans son choix dans la mesure où on n'est pas le seul à choisir : savoir comprendre les autres tout en restant soi-même c'est la marque de l'homme social » (Le vivre ensemble demande la cohésion dans l'interaction, afin que les humains que nous sommes arrivent bien à se comprendre). « Le premier à te respecter c'est toi-même si tu souhaites avoir le respect des autres » (Le respect des autres recommande la responsabilité de l'individu envers soi-même, tout en ne manquant pas de respect à ses prochains). « Maitrises-toi en premier ainsi tu auras la maitrise en soi » (La maitrise de soi passe par la maitrise de soi en premier niveau d'une part). « Je préfère la pitié dans l'amour plutôt que d'être aimé par pitié : car celui qui nous aime par pitié se donne de la peine à nous aimer ainsi vit malheureux » (L'amour certain demande d'aimer sans calcul malheureux de façon ouverte). « Si tu vois la difficulté me faire reculer c'est que je n'étais pas bien engagé : plaise à Dieu quoi qu'il arrive j'arrive » (Partant de la volonté de Dieu quand on s'engage sincèrement pour réussir nous transcendons les difficultés). « Le plus souvent c'est quand on n'a rien d'important à faire qu'on a tendance à se faire important sinon la qualité crée la différence » (L'individu doit rester sobre malgré ses qualités afin d'aller de l'avant). « Si tu sais que tu ne peux pas tenir tes promesses alors retiens-toi de promettre quoi que ce soit » (L'individu dans l'incapacité de tenir ses promesses doit mieux se retenir de ne pas promettre quoi que ce soit). « Ma liberté, ma fierté » (La fierté bien placée rend libre). « On peut bien réussir à mentir pendant quelques temps cependant on ne peut pas mentir pour réussir tous les temps » (Le mensonge est limité dans la vie peu importe le temps). « Il nous arrive d'être injuste, sans être injuste pour arriver » (La posture injuste n'est pas à notre faveur humain). « A la fin des temps il ne sera pas question du début de quoi que ce soit » (La fin des temps signifie la fin de la vie). « Dans la société où les faiseurs de lois deviennent les fauteurs de troubles c'est qu'on en a encore longtemps avec l'injustice » (La mauvaise foi n'arrange rien quand on souhaite voir les choses réussir). « Si ce n'est pas faux qu'on a tous des têtes cependant c'est vrai que nous ne sommes pas tous des têtes raisons pour laquelle nos compréhensions ne se valent pas » (Les individus sont différents sous plusieurs angles c'est une vérité absolue). « Quand l'injustice nous arrange c'est qu'on ne la subise pas » (L'individu qui ne subit pas l'injustice s'arrange à la perpétuer). « Le reste n'est que détail : pour réussir il n'y a aucun secret qui ne saurait s'expliquer sans le travail » (La réussite de l'individu s'explique par le travail d'une part voilà son caractère basique dans notre développement). « Le mal est banal voilà pourquoi en choisissant de ne rien faire, on finira par bien s'en faire » (L'individu qui choisit de ne rien faire, finira par bien s'en faire étant donné le caractère dévalorisant du mal). « Sans nul doute l'erreur est ce critère qui joue à notre défaveur » (L'erreur est un critère qui joue à notre défaveur sans mentir). « Si nécessaire si l'humilité ne nous dit rien, c'est qu'on n'a plus rien à dire » (L'individu qui n'a plus rien à dire de sérieux s'éloigne du bon sens dans le propos tout comme la conduite). « Sage est celui qui sait se garder de tout regarder » (L'individu sage est celui qui sait se garder de tout regarder dans la vie). « La sagesse en l'air, c'est donner l'air d'être sage alors qu'on n'est pas à la page : quand on est franc alors pourquoi faire semblant ? » (Celui qui a quelque chose à cacher cherche à tromper l'apparence des autres en procédant par l'abus de confiance). « L'abus de confiance est un abri pour la méfiance » (L'abri de la méfiance est un abus de confiance de cause à effet d'une part). « Quand la responsabilité nous manque, la maturité ne nous dit rien » (L'individu qui ne se soucie pas de la responsabilité ne considère pas la maturité en sa juste valeur). « C'est parce que la responsabilité n'est pas n'importe quoi voilà pourquoi elle n'est pas à la portée de n'importe qui » (La responsabilité demande du sacrifice utile pour renforcer sa démarche). « On est retenu par sa retenue quand on laisse faire le mal sans réagir » (L'individu qui laisse faire le mal sans réagir, est piégé par sa trajectoire). « Ce qu'on a en tête c'est ce qui nous met en tête : restes positif c'est bénéfique » (L'individu qui reste positif est bénéfique dans sa démarche). « Quand l'ignorance ne pose pas problème c'est que le problème est mal posé » (Justement l'ignorance est source d'ennui une fois bien comprise).

« J'apprends à vie, la vie m'apprend cependant je n'ai rien à apprendre de celui qui n'a plus rien à apprendre : que peut-on attendre comme savoir de la part de celui qui n'a plus rien à apprendre dans la mesure où il ignore la réalité sur l'ignorance ? » (On n'est pas pour ne pas apprendre humain imparfait, savoir ses limites c'est la meilleure manière de travailler pour se combler). « Si on ne peut pas ne pas être libre de penser, pire est de penser pour s'enchainer » (L'individu s'enchaine dans la mentalité dans la mesure où il pense mal). « Quand on n'arrivera pas à se passer de sa vie il est évident que quelque chose se passera dans notre vie » (La vie est rythmée par une preuve pertinente d'existence que le vivant se trouve sujet). « La vraie prison c'est dans la tête : à défaut de réfléchir pour se libérer on ne peut que réfléchir pour s'enchainer » (L'individu vit emprisonné dans sa conscience). « Tout idéologue convaincu est un pédagogue aguerri » (L'idéologue convaincu est un pédagogue aguerri en sa manière). « Au regard de l'injuste : quand l'injustice le favorise c'est qu'elle est bonne par contre quand elle lui défavorise elle est mauvaise donc tout pour soi, rien pour les autres c'est dans l'égoïsme que ça se passe » (L'individu qui ne pense pas aux autres souffre dans sa démarche). « Si je la valorise à vie ce n'est pas sans connaissance de l'importance de la connaissance » (La valeur de la connaissance tient à sa valorisation à vie). « Ce qu'on a en tête, c'est ce qui nous met en tête : restez positifs c'est bénéfique » (La positivité est bien d'utilité dans la mentalité). « Celui qui ne reconnait pas notre utilité que dans la difficulté est une menace pour notre tranquillité » (Il est mieux de savoir reconnaitre l'utilité d'une personne en partageant sa joie mais aussi sa colère avec mais pas exclusivement les problèmes). « Quand on se plait à donner l'ordre si c'est le tour des autres alors il ne faut pas se déplaire à l'obéir quand ce serait notre tour : vivre modèle est un facteur incontournable de la préservation de la cohésion sociale » (Il est important de préserver la cohésion sociale par l'individu en acceptant d'être modèle). « Sois la première personne sur qui compter peu importe le compte » (L'individu doit-être lui-même la première personne sur qui compter concernant les circonstances). « Etre le dernier recours d'un besoin sur lequel on compte en premier c'est mal partir pour ne pas arriver » (L'individu doit mieux s'accomplir pour sa responsabilité). « Comptes sur toi en premier ainsi tu iras de mieux en mieux » (La responsabilité incarne la maturité de l'individu à faire face à ses problèmes). « Il suffit d'un malentendu pour que les choses soient tendues » (Le malentendu rend l'atmosphère électrique). « Veillons à ne pas oublier dans la facilité ce que la difficulté nous a enseigné pour une réussite durable » (L'individu raisonnable veille à ne pas perdre l'équilibre face aux circonstances de la vie aussi évolutives qu'elles soient). « C'est bien sûr l'abus qui réduit la vie à rien » (Dans l'abus nous réduisons significativement la portée de la vie). « Parmi les dures leçons que m'a enseigné la maitresse vie cela m'a marqué profondément : ne soyez pas le dernier engagé d'une cause que nous sommes le premier à défendre » (Engageons-nous à la hauteur qu'on souhaite voir nos projets réussir). « C'est mieux de ne pas vivre rancuneux : celui qui se plait à garder la rancune ne doit pas se déplaire en compagnie des lacunes » (Le mieux pour l'individu qui souhaite se soulager est d'éviter les rancunes inutiles). « Nul doute que le mensonge arrivera à expiration le jour où la vérité exposera sa production » (La vérité arrive pour démasquer le mensonge). « N'étant pas son égal, le mensonge n'est jamais masqué pour la vérité : quand arrive l'obstacle de la réalité, tombe le masque de l'irréalité » (Le masque de l'irréalité tombe avec l'arrivée de la réalité comme obstacle à son égard). « Seulement si notre objectif n'est pas d'arrivé on peut tenir à l'ignorance pour arriver : tout arrivera à celui qui n'arrivera pas à part ce qu'il souhaite voir arriver » (L'ignorance n'est pas une voie appropriée pour booster la réussite). « Quand on prend la réussite au sérieux on ne s'amuse pas pour travailler » (L'individu qui prend la réussite au sérieux ne s'amuse pas pour travailler). « Sans nul doute que travailler rende heureux » (Le travail dans la mesure où il libère l'humain celui-ci trouve du bonheur dans cette liberté). « Il n'y a pas de liberté qui ne saurait s'expliquer par l'activité, la vérité et la fidélité » (La liberté s'explique par un ensemble de valeurs cohérentes nécessaires à la promotion de la vie humaine). « Sans doute génial assure le régal » (La touche géniale fait rêver en terme de merveille). « Ça dépend si cela est une sortie pour ta tête, arranges-toi à tout sortir de ta tête : quand l'important n'est pas abandonné, l'abandon est bien confortant » (La chose utile se fait toujours à notre faveur). « On ne compte pas sur la faveur de l'erreur et puis profiter de la faveur du compte » (Quand l'erreur est compté, c'est que le compte est erroné). « Avoir une tête, puis avoir sa tête, c'est tout ce qui se nécessite pour ne pas se faire avoir en fait » (L'intelligence est assurance dans la stratégie). « Quand on ne peut pas se garder de vivre alors notre vie nous regarde, ne pas la regarder nous retarde : le réalisme c'est bien s'occuper de ce qui nous regarde » (S'occuper de ses affaires est à notre faveur). « Qu'avons-nous mieux d'autre à faire que de s'occuper de ses affaires étant donné que ne rien faire ne fait pas notre affaire » (S'assumer c'est la voie normale pour prospérer). « Là où la connaissance n'arrive pas à faire la différence, l'objectif n'est pas d'arriver à connaitre : refuser la connaissance et avoir connaissance du refus, c'est camper sur la position de l'ignorance » (L'individu qui ne souhaite pas voir la lumière fait tout pour l'ignorer). « Sans peiner c'est difficile d'être premier : tout d'utile est difficile » (L'utilité passe par la difficulté certainement). « C'est parce qu'il n'y a pas d'aller qui ne mène pas à la réalité voilà pourquoi on ne peut pas aller à l'encontre de la réalité : la vérité c'est comme la mort on ne la fuit pas pour l'échapper » (La réalité n'est pas à fuir pour celui qui sait ce que la fuite veut dire). « Il arrive dès fois que la réalité nous échappe par erreur cependant il n'est jamais question qu'on échappe à la réalité par manière : c'est bien méconnaitre la réalité de l'erreur que de penser pouvoir induire la réalité dans l'erreur, certes on peut se tromper de réalité cependant on ne peut pas tromper la réalité » (La réalité n'est pas à tromper pour celui qui souhaite réussir). « Il n'y a aucun conseil en réalité qui puisse dépasser le conseil de la réalité » (Le conseil de la réalité est la seule valable pour réussir). « Si la vérité n'est pas une conseillère qui se trompe alors mieux vaut la suivre » (Le conseil de la vérité est bien à notre profit). « Ne pas compter sur la vérité, c'est partir pour ne pas arriver » (Toute chose qui se passe de la vérité, sera dépassée par la réalité des choses). « La précision est une solution qui marche à tous les coups » (La marge de la précision marche justement partout). « Bien plus qu'un jeu : exiger est un enjeu » (L'exigence passe par l'enjeu plutôt que par le cadre du jeu). « Autant l'âme fonctionne le corps autant la caution fonctionne la précaution » (Il y a un mariage réel entre l'âme et le corps, la caution et la précaution). « Le jour où on nourrira la volonté de ne plus compter exclusivement sur les autres pour arriver, on serait prêt d'entreprendre » (La volonté d'entreprendre passe nécessairement par la maturité de comprendre). « La seule chose que l'on puisse perdre sans le souci de perdre, c'est le souci de perdre : nul doute qu'un moral de fer se nécessite pour une réussite au top » (La réussite au top demande justement un moral au top). « Seulement le chemin peut-être long, un jour ou l'autre tant qu'on s'appliquera, on finira par arriver plaise à Dieu » (Avec la volonté de Dieu nous réussirons peu importe les difficultés qu'on rencontre sur notre chemin). « C'est parce que tout est destiné à la réalité je comprends pourquoi on ne peut pas dévier la réalité ! » (La réalité est la cible commune à toutes les valeurs existentielles). « Tout porte à croire que la réalité ne fait pas croire pour rien ni attendre sans résultat » (La réalité ne fait nullement pas attendre sans résultat conséquent). « Il y a un travail à couper le sommeil derrière un résultat à tomber par terre » (Le travail intéressant détermine le résultat captivant). « Il n'y a aucune raison au travail, qui n'est pas de prospérer » (Le travail bien mérité assure la prospérité). « Le mieux est dans la volonté de Dieu » (La volonté de Dieu reflète le mieux dans la vie). « Il est toujours préférable de vivre honorable » (L'honneur est une préférence certaine dans la vie). « Rien d'important n'arrive à celui qui ne juge pas important de travailler » (Le travail est incontournable pour réussir). « La peur de tout n'est pas une peur qui nous arrange du tout » (La peur de tout n'est pas une peur qui nous arrange en tout car si nécessaire il faut risquer pour prospérer). « La prospérité est une nécessité pour celui qui ne vit pas sans nécessité » (L'individu qui ne vit pas sans nécessité reconnait celle de la prospérité). « Quand c'est nécessaire la place n'est pas derrière » (La nécessité mérite une place en avant). « Toutes les priorités sont inclues dans la réalité » (Il n'y a point de priorité qui saurait s'expliquer en dehors de la réalité). « Comme il faut le travail ne fait pas défaut » (Le travail est bien utile quand il s'opère sans défaut). « Quand travailler rend heureux n'ayez pas assez de travailler » (L'individu doit s'atteler à travailler en vue de vivre heureux). « Nul doute que la crème des imaginations nous mène à la reine des solutions » (L'imagination fertile nous conduit à la solution utile). « S'il y a une chose à ne pas négliger quand on souhaite prospérer c'est bien travailler » (Le travail est une voie idéale pour arriver au bonheur). « Seulement on peut comprendre le fou, si on n'est pas sans comprendre qu'il est fou : c'est parce qu'on n'est pas fou pour le savoir je comprends pourquoi le savoir n'a rien de fou » (La folie se passe à l'absence de la conscience). « Soyez conscient de l'erreur mais ne soyez pas erronés dans la conscience » (Il est mieux d'être conscient de l'erreur sans être erroné dans la conscience). « L'amour par conviction se démarque des autres par le seul intérêt qui s'appelle aimer c'est tout » (Aimer c'est la conviction par laquelle l'amour par conviction se distingue des autres formes d'amour). « Tandis que le bon cherche la vérité pour se protéger, le mauvais se cherche de la vérité pour s'exposer : quand l'autre est, la différence est » (La différence est une réalité dans la mesure où la réalité est différente de l'irréalité). « Quand on agit sans qu'on ne réfléchisse sur quoi d'autre peut-on déboucher à part le mal ? » (Le mal est la destination sur laquelle débouche l'œuvre de l'individu en manque de raison). « La gestion dit long sur la position » (La gestion explique logiquement la position fonctionnelle d'une valeur quelconque). « Commences à veiller pour ta vie si tu souhaites que les choses marchent dans ta vie » (Le sacrifice nécessaire est bien recommandé pour le développement humain). « Seulement en étant juste on attend plus du sacrifice » (L'individu qui travaille bien attend plus de sacrifice). « Sacrifies-toi de ton mieux pour que les choses aillent » (Il faut s'engager pour arranger solidement les choses). « Soyons mesurés à vie c'est bien utile dans la vie, on ne saurait nullement pas profiter de la vie sans pour autant s'éclairer dans l'avis » (Le besoin constant de s'éclairer dans l'avis est bien d'utilité dans la vie). « Croire que plus rien ne marchera, c'est faire le travail de l'échec souvent sans le savoir : si vous rêvez d'un changement positif dans la vie retenez-vous de l'engagement négatif » (L'engagement négatif conduit l'humain au changement négatif). « Tout marchera contre la volonté de celui qui ne veut rien voir marché : ce n'est pas juste de vivre égoïste » (L'égoïsme est injustice). « Quand il nous arrive de se libérer de la réalité c'est pour s'emprisonner dans le mensonge : même si on juge souvent la vérité pénible le mensonge n'est pas un choix crédible » (Le mensonge ne libère pas là où nous voyons en la vérité une source de désillusion). « Le mensonge ne nous libère pas là où la vérité nous emprisonne » (Attendre le résultat de la vérité dans un travail mensonger c'est se perdre dans son jugement). « Tout arrivera contre la volonté de celui qui ne veut rien voir arrivé : ce n'est pas juste de vivre égoïste » (La vie égoïste n'est pas salutaire). « C'est l'échec qui gagne dès lors que le candidat se retrouve animé par le sentiment de_ne plus arriver : la seule chose à perdre sans souci de perdre, c'est le souci de perdre pour pouvoir arriver » (L'individu n'arrivera pas certainement sans qu'il ne s'accomplisse positivement en combattant le fatalisme dans la mentalité). « Quand la connaissance ne nous dit rien c'est qu'on ne connaisse rien : celui qui situe la connaissance dans la négligence, vit son existence dans l'inconscience » (La connaissance est bien utile pour la préservation de la consolidation de la vie humaine). « Là où la réalité ne compte pas, le compte ne comble pas » (Le compte affaiblit là où la réalité ne compte pas). « On n'est jamais bien inspiré qu'en étant éclairé » (L'individu bien éclairé est justement inspiré). « La force de la pensée réside dans la cohérence du penseur » (Le penseur averti exprime une pensée utilitaire). « Par rapport à paraitre c'est toujours être qui a le dernier mot » (Le fait d'être a le dernier mot par rapport à paraitre). « Quand on est pour la figuration c'est qu'on manque de la considération : veillons à ne pas se dévaloriser si nous comptons sur la valorisation des autres » (Il est nécessaire de valoriser sa vie afin que les autres nous respectent d'une part). « Il n'y a meilleure manière de penser sa vie que de s'éclairer à vie ! » (L'individu qui s'éclaire à vie, bénéfice son existence). « Le mal arrêtera dans le temps celui qui n'arrête pas de faire le mal dans le temps : mieux vaut arrêter le mal à temps avant d'être arrêté par le mal dans le temps » (L'individu qui n'arrête pas de faire le mal dans le temps sera arrêté par la pratique du mal dans le temps). « Vivants nous sommes tous à la fois sans pour autant avoir la même foi » (Les individus se différencient par leurs fois d'une part). « Le mensonge a toujours profité de location avant l'arrivée de la propriétaire vérité » (Le mensonge est éphémère tandis que la vérité est éternelle). « Arrangeons nous à ne pas être dérangé par la réalité quand on souhaite voir arrangé les choses en réalité » (L'individu qui souhaite voir arrangé les choses en réalité doit accepter la vérité dans toutes les circonstances). « Dans la théorie le mensonge est facile à convaincre pourtant dans la pratique elle se retourne pour nous vaincre » (Le mensonge conduit à la difficulté extrême). « Si mentir ne fait pas réussir alors en quoi est-il utile de mentir ? » (La vérité est l'unique voie qui nous assiste dans toutes les circonstances). « Impossible de connaitre l'excellence sans admettre la connaissance » (L'excellence découle de la connaissance). « Quand on est sérieux on ne prend pas tout au sérieux » (On ne prend pas tout au sérieux quand on prend le sérieux au sérieux). « Ne pas se faire sage est toujours à notre désavantage : manquer du sérieux c'est la marque du vicieux » (Le sérieux est bien utile pour ne pas vivre vicieux). « Tant que la vérité sera à sa poursuite le mensonge sera sans suite et vivra sans domicile » (Le mensonge n'a pas de suite favorable comparé à la vérité). « Mieux vaut s'informer sur la réalité avant d'informer sur la réalité : c'est dangereux de tenir à l'enseignement ou au renseignement de celui qui ne peut pas faire la différence entre la réalité et le mensonge » (Il est nécessaire d'être éclairé avant de vouloir informer ou enseigner sur quoi que ce soit). « Ce que valide la raison est bien lucide » (Le bon sens valide le sens utile). « On ne suit pas la raison pour perdre la suite » (Le suivi de la juste voie est d'une portée salutaire pour l'humain). « La vie de tous les jours est accompagnée par un avis pour toujours c'est utile de soigner continuellement son avis afin de profiter de sa vie pour toujours » (L'individu qui profite de sa vie pour toujours l'illumine continuellement). « La volonté est toujours élémentaire pour changer quoi que ce soit, la volonté est bien d'utilité dans la mesure où on ne peut pas arriver sans volonté aucune » (La volonté est fondamentale pour celui qui souhaite arriver dans la vie). « La vérité est nécessairement la priorité de celui qui ne se trompe pas de priorité » (L'individu qui ne se trompe pas de priorité profite de la priorité de la réalité).

Printed by Books on Demand GmbH, Norderstedt / Germany